Formação do professor como agente letrador

Conselho Acadêmico
Ataliba Teixeira de Castilho
Carlos Eduardo Lins da Silva
Carlos Fico
Jaime Cordeiro
José Luiz Fiorin
Tania Regina de Luca

Proibida a reprodução total ou parcial em qualquer mídia
sem a autorização escrita da editora.
Os infratores estão sujeitos às penas da lei.

A Editora não é responsável pelo conteúdo deste livro.
As Autoras conhecem os fatos narrados,
pelos quais são responsáveis, assim como se responsabilizam pelos juízos emitidos.

Consulte nosso catálogo completo e últimos lançamentos em **www.editoracontexto.com.br**.

Formação do professor como agente letrador

Stella Maris Bortoni-Ricardo
Veruska Ribeiro Machado
Salete Flôres Castanheira

Copyright © 2010 das Autoras

Todos os direitos desta edição reservados à
Editora Contexto (Editora Pinsky Ltda.)

Montagem de capa e diagramação
Gustavo S. Vilas Boas

Preparação de textos
Das autoras

Revisão
Priscila Pereira Mota

Dados Internacionais de Catalogação na Publicação (CIP)
(Câmara Brasileira do Livro, SP, Brasil)

Bortoni-Ricardo, Stella Maris
Formação do professor como agente letrador /
Stella Maris Bortoni-Ricardo, Veruska Ribeiro Machado,
Salete Flôres Castanheira. – 1. ed., 5ª reimpressão. –
São Paulo : Contexto, 2024.

ISBN 978-85-7244-477-4

1. Ensino 2. Prática de ensino 3. Professores – Formação profissional I. Machado, Veruska Ribeiro. II. Castanheira, Salete
Flôres. III. Título.

10-04145   CDD-370.71

Índices para catálogo sistemático:
1. Docência : Aprendizagem : Educação   370.71
2. Docência : Desenvolvimento profissional : Educação   370.71
3. Professores : Desenvolvimento profissional : Educação   370.71

2024

EDITORA CONTEXTO
Diretor editorial: *Jaime Pinsky*

Rua Dr. José Elias, 520 – Alto da Lapa
05083-030 – São Paulo – SP
PABX: (11) 3832 5838
contato@editoracontexto.com.br
www.editoracontexto.com.br

*Agradecemos a todos os professores e alunos que
direta ou indiretamente colaboraram com as
pesquisas e projetos que constam neste livro.*

Sumário

POR UMA PEDAGOGIA DA LEITURA..11

    Informações estatísticas sobre o analfabetismo absoluto
e o analfabetismo funcional no Brasil...11

    A formação de professores e a pedagogia da leitura 16

MATRIZES DE REFERÊNCIA PARA A FORMAÇÃO E O TRABALHO
DO PROFESSOR COMO AGENTE DE LETRAMENTO 19

    Matriz de habilidades e conhecimentos para avaliação do professor
de educação infantil e ensino fundamental, 1º ao 5º ano
(conhecimentos específicos; alfabetização e letramento) 19

    Matriz de habilidades de leitura (foco: ler para aprender) –
ensino fundamental do 5º ao 9º ano e ensino médio...............................23

A MEDIAÇÃO DO PROFESSOR NA COMPREENSÃO LEITORA...............25

    Protocolos de leitura 25

    Modelo de protocolo de leitura..28

A LEITURA TUTORIAL COMO ESTRATÉGIA
DE MEDIAÇÃO DO PROFESSOR...51

A leitura tutorial...51

Níveis de compreensão leitora 52

Estratégias de leitura...54

Considerações finais...60

APLICAÇÃO DA PROPOSTA DE LEITURA TUTORIAL
COMO ESTRATÉGIA DE MEDIAÇÃO (1)................................61

Comentários sobre o texto e sobre a obra da qual ele foi retirado 62

Preparando-se para a leitura..62

No momento da leitura 64

Após a leitura do texto..69

APLICAÇÃO DA PROPOSTA DE LEITURA TUTORIAL
COMO ESTRATÉGIA DE MEDIAÇÃO (2)................................71

Comentários sobre o texto..72

Preparando-se para a leitura..72

No momento da leitura 73

Após a leitura do texto..80

APLICAÇÃO DA PROPOSTA DE LEITURA TUTORIAL
COMO ESTRATÉGIA DE MEDIAÇÃO (3)................................81

Comentários sobre os textos...82

Preparando-se para a leitura..83

No momento da leitura 84

Após a leitura dos textos...88

Considerações finais...89

PROFESSOR LETRADOR NOS ANOS INICIAIS DO ENSINO
FUNDAMENTAL: INICIAÇÃO AO LETRAMENTO CIENTÍFICO 91

Letramento científico..91

Etnografia de uma prática de letramento científico.................93

ETNOGRAFIA DE UMA PRÁTICA
DE LETRAMENTO CIENTÍFICO (1) 95

Conceitos de sociolinguística interacional 95

Protocolo da aula 97

ETNOGRAFIA DE UMA PRÁTICA
DE LETRAMENTO CIENTÍFICO (2) 109

Protocolo da 1ª aula 110

Protocolo da 2ª aula 120

Protocolo da 3ª aula 126

ETNOGRAFIA DE UMA PRÁTICA
DE LETRAMENTO CIENTÍFICO (3) 131

Letramento científico 131

Protocolo da 1ª aula 132

Protocolo da 2ª aula 136

Protocolo da 3ª aula 143

Protocolo da 4ª aula 149

Protocolo da 5ª aula 155

Protocolo da 6ª aula 166

ETNOGRAFIA DE UMA PRÁTICA
DE LETRAMENTO CIENTÍFICO (4) 173

Estratégias de leitura na pós-alfabetização 173

Protocolo da aula 174

NOTAS 183

BIBLIOGRAFIA 185

ÍNDICE REMISSIVO 189

AS AUTORAS 191

Por uma pedagogia da leitura

Informações estatísticas sobre o analfabetismo absoluto e o analfabetismo funcional no Brasil

Até meados da década de 1990, a sociedade brasileira desconhecia o fato de que seus estudantes apresentavam grandes problemas em compreender o que liam. Quando começaram os sistemas nacionais de avaliação educacional, os resultados para compreensão leitora deram início a uma série histórica de fraco desempenho dos alunos. O primeiro teste nacional que se ocupou da compreensão leitora foi o Saeb (Sistema de Avaliação da Educação Básica). Atualmente esse sistema é composto por duas avaliações: Avaliação Nacional da Educação Básica (Aneb), que é amostral, e Avaliação Nacional do Rendimento Escolar (Anresc), também conhecida como Prova Brasil, que é mais extensa e detalhada que o Aneb e tem foco em cada unidade escolar.

Em 2003, o Saeb apresentou os seguintes resultados na avaliação da compreensão leitora de alunos do ensino fundamental e médio: na quarta série do ensino fundamental, a compreensão leitora de 18,7% dos estudantes foi avaliada como muito crítica pelos critérios do Instituto Nacional de Estudos e Pesquisas Educacionais Anísio Teixeira (Inep). Em 36,7% das provas o resultado foi avaliado como crítico; em 39,7%, como intermediário. Somente 4,8% dos alunos obtiveram resultado adequado. Na oitava série os dados não foram melhores. Muito crítico: 4,8%; crítico: 22%; intermediário: 63,8%, e adequado: 9,3%. Na conclusão do ensino médio esses dados foram, respectivamente, 3,9%; 34,7%; 55,2%, e 6,2%. Em resumo, nas três séries, diploma, naquele ano, menos de 10% dos alunos apresentavam um nível adequado de compreensão leitora.

Os resultados dos anos subsequentes, já com a aplicação da Prova Brasil, não mostram avanço significativo. Em 2005, na quarta série do ensino fundamental, somente 43% do universo pesquisado atingiu uma proficiência média no exame. Na oitava série, o percentual foi de 57,9% e, no terceiro ano do ensino médio, 64%. Esses resultados precários apontados pelos testes nacionais de compreensão leitora são corroborados por outros dados obtidos em levantamentos demográficos oficiais.

Segundo os dados da Pesquisa Nacional por Amostra de Domicílios (Pnad) 2008, conduzida pelo Instituto Brasileiro de Geografia e Estatística (IBGE), a taxa de analfabetismo brasileira ficou praticamente estável na passagem de 2007 (10,1%) para 2008 (10%). Como no mesmo período a população cresceu, o total de brasileiros com mais de 15 anos que não sabem ler e escrever teve acréscimo de 11,3 mil pessoas e chegou a 14,2 milhões.

Esse contingente distribui-se de forma desigual nas diferentes regiões. Quanto mais baixo o Índice de Desenvolvimento Humano (IDH) mais alta a proporção de analfabetos, como se pode ver a seguir, nos percentuais de analfabetismo entre os estratos etários com 50 anos ou mais:

Tabela 1 – Percentual de analfabetos de 50 anos ou mais nas regiões brasileiras

Região	Percentual de analfabetos
Nordeste	41,3
Norte	28,7
Centro-Oeste	21,8
Sudeste	13,2
Sul	12,8
Brasil	21,5

Fonte: Instituto Brasileiro de Geografia e Estatística (IBGE/Pnad 2008)

Com relação ao analfabetismo funcional, conceito avançado pela Organização das Nações Unidas para a Educação, a Ciência e a Cultura (Unesco) para descrever pessoas cujo grau de alfabetização é insuficiente para que exerçam funções básicas nas sociedades modernas (Moreira, 2003), podemos nos valer de dados fornecidos pelo Instituto Paulo Montenegro que, juntamente com a Ação Educativa (www.acaoeducativa.org. br), desenvolve o indicador de alfabetismo funcional (Inaf) desde 2001. Os dados mais recentes provêm da sexta edição do índice, divulgada em dezembro de 2009, e se referem à população brasileira entre 15 e 64 anos residente em zonas urbanas e rurais em todas as regiões do Brasil.

A tabela 2 descreve os níveis de alfabetismo funcional definidos pelo Instituto Paulo Montenegro (www.ipm.org.br).

Tabela 2 – Níveis do Inaf

Analfabetos funcionais	Analfabetismo	Corresponde à condição dos que não conseguem realizar tarefas simples que envolvem a leitura de palavras e frases, ainda que uma parcela destes consiga ler números familiares (números de telefones, preços etc.).
	Alfabetismo rudimentar	Corresponde à capacidade de localizar uma informação explícita em textos curtos e familiares (como um anúncio ou pequena carta), ler e escrever números usuais e realizar operações simples, como manusear dinheiro para o pagamento de pequenas quantias ou fazer medidas de comprimento usando a fita métrica.
	Alfabetismo básico	As pessoas classificadas neste nível podem ser consideradas funcionalmente alfabetizadas, pois já leem e compreendem textos de média extensão, localizam informações mesmo que seja necessário realizar pequenas inferências, leem números na casa dos milhões, resolvem problemas envolvendo uma sequência simples de operações e têm noção de proporcionalidade. Mostram, no entanto, limitações quando as operações requeridas envolvem maior número de elementos, etapas ou relações.
Alfabetizados funcionalmente	Alfabetismo pleno	Classificadas neste nível estão as pessoas cujas habilidades não mais impõem restrições para compreender e interpretar elementos usuais da sociedade letrada: leem textos mais longos, relacionando suas partes, comparam e interpretam informações, distinguem fato de opinião, realizam inferências e sínteses. Quanto à matemática, resolvem problemas que exigem maior planejamento e controle, envolvendo percentuais, proporções e cálculo de área, além de interpretar tabelas de dupla entrada, mapas e gráficos.

Fonte: www.ipm.org.br

A tabela 3 traz uma síntese dos resultados do Inaf desde 2001, em percentuais.

Tabela 3 – Evolução do Inaf a partir de 2001

	2001 2002	2002 2003	2003 2004	2004 2005	2007	2009
Analfabeto	12	13	12	11	9	7
Rudimentar	27	26	26	26	25	21
Básico	34	36	37	38	38	47
Pleno	26	25	25	26	28	25

Fonte: www.ipm.org.br

14 FORMAÇÃO DO PROFESSOR COMO AGENTE LETRADOR

Os resultados indicam uma redução na proporção dos chamados "analfabetos absolutos", de 9% para 7% entre 2007 e 2009, acompanhada por uma queda ainda mais expressiva, de 6%, no nível rudimentar. O nível básico continua apresentando um contínuo crescimento, passando de 34% em 2001-2002 para 47% em 2009. Já o nível pleno de alfabetismo não mostra crescimento, oscilando dentro da margem de erro da pesquisa e mantendo-se em, aproximadamente, um quarto do total de brasileiros.

Os dados do Inaf trazem ainda alguns fatos preocupantes: 54% dos brasileiros que estudaram até a 4ª série atingiram, no máximo, o grau rudimentar de alfabetismo. É ainda mais grave a constatação de que 10% dos integrantes desse grupo podem ser considerados analfabetos absolutos, apesar de terem cursado de um a quatro anos do ensino fundamental.

Dos que cursam ou cursaram da 5ª à 8ª série, apenas 15% podem ser considerados plenamente alfabetizados, e 24% dos que completaram de 5 a 8 anos do ensino fundamental ainda permanecem no nível rudimentar. Entre os que cursaram alguma série ou completaram o ensino médio, apenas 38% atingem o nível pleno de alfabetismo (que seria esperado para 100% deste grupo).

Indivíduos com pleno domínio das habilidades de leitura/escrita e das habilidades matemáticas (68%) só são encontrados entre os que chegaram ao ensino superior, conforme mostram as tabelas 4 e 5. Esta última complementa os dados do Inaf de 2009.

Tabela 4 – Nível de Alfabetismo segundo escolaridade

	Nenhuma	1ª à 4ª série	5ª à 8ª série	Ensino médio	Ensino superior
Analfabeto	66	10	0	0	0
Rudimentar	29	44	24	6	1
Básico	4	41	61	56	31
Pleno	1	6	15	38	68
Analfabetos funcionais	95	54	24	6	1
Alfabetizados funcionalmente	5	46	76	94	99

Fonte: www.ipm.org.br

Tabela 5 – Percentual de alfabetismo segundo faixas etárias

	Percentagem de 15 a 24 anos						Percentagem de 25 a 34 anos					
	01-02	02-03	03-04	04-05	07	09	01-02	02-03	03-04	04-05	07	09
Analfabeto	3	2	2	3	3	2	7	7	6	4	4	3
Rudimentar	19	19	18	18	14	13	26	23	23	23	22	15
Básico	43	44	45	46	46	52	35	40	42	42	39	50
Pleno	35	35	35	33	37	33	32	30	29	30	35	32
Analfabetos funcionais	22	21	20	21	17	15	33	30	28	28	26	18
Alfabetizados funcionalmente	78	79	80	79	83	85	67	70	72	72	74	82

Pontos percentuais de melhoria 7   Pontos percentuais de melhoria 15

	Percentagem de 35 a 49 anos						Percentagem de 50 a 64 anos					
	01-02	02-03	03-04	04-05	07	09	01-02	02-03	03-04	04-05	07	09
Analfabeto	15	15	14	13	12	7	29	32	31	27	20	20
Rudimentar	31	32	32	31	28	25	37	34	32	34	39	32
Básico	32	33	33	34	35	45	23	23	25	26	29	38
Pleno	22	20	21	22	24	23	11	11	11	13	12	10
Analfabetos funcionais	46	47	46	44	40	31	66	67	64	62	59	52
Alfabetizados funcionalmente	54	53	54	56	60	69	34	33	36	38	41	48

Pontos percentuais de melhoria 15   Pontos percentuais de melhoria 14

Fonte: www.ipm.org.br

Contudo, quando examinamos os dados desvelados pelo Inaf, verificamos que houve alguns progressos:

1. Das crianças entre 6 e 14 anos – faixa etária que obrigatoriamente deve estudar, segundo a legislação brasileira – 97,5% estavam matriculadas em 2008, acima dos 97% de 2007;

2. Mais crianças de 4 e 5 anos estão na escola (72,8%, diante de 70,1% em 2007), mas caiu o percentual de jovens entre 18 e 24 anos que estão estudando (30,9% para 30,5%);

3. Cada vez mais a população está estudando na fase adequada, o que acaba estimulando a redução da taxa de escolarização na faixa de idade acima dos 18 anos;

4. O número médio de anos de estudo da população brasileira avançou de 6,9 anos, em 2007, para 7,1, anos em 2008. Entre os jovens de 20 a 24 anos, o indicador chegou a 9,4 anos em 2008, diante de 9,2 anos em 2007. De 15 a 17 anos, o número médio de anos de estudo subiu de 7,2 anos para 7,3 anos.

A FORMAÇÃO DE PROFESSORES E A PEDAGOGIA DA LEITURA

Na matriz do Exame Nacional do Ensino Médio (Enem) a leitura é denominada arquicompetência em virtude de seu caráter interdisciplinar. O conhecimento na escola é compartimentado em muitas disciplinas e áreas que compõem o currículo. No entanto, no ato da leitura com compreensão, o leitor tem de mobilizar conhecimentos estocados nas diversas áreas e disciplinas para dialogar competentemente com o texto. Essas informações fazem parte de seu conhecimento enciclopédico ou conhecimento de mundo. A leitura é, pois, um processo sintetizador. Decorre daí que o desenvolvimento da compreensão leitora não pode restringir-se ao conteúdo das disciplinas de língua portuguesa. Pelo contrário, é tarefa de todas as disciplinas, ainda que, na escola brasileira, prevaleça essa distorção de atribuir esse compromisso somente aos professores de língua materna.

O caráter sintetizador da leitura e a importância do conhecimento multidisciplinar de mundo a que o leitor precisa recorrer para compreender efetivamente o que lê explicam os baixos escores que nossos alunos obtêm nos sistemas nacionais ou estaduais de avaliação. O estudante não consegue atingir a compreensão satisfatória do material lido porque lhe faltam conhecimentos, não propriamente da estrutura de sua língua materna, da qual ele é falante competente, mas sim de todos os componentes curriculares cujo domínio lhe ficou precário, principalmente porque não desenvolveu habilidades de leitura para aquisição de informações. Nesse círculo vicioso, a raiz do problema pode ser identificada então na dificuldade que a escola apresenta para ajudar seus alunos a construírem habilidades de leitura como ferramenta de apreensão do conhecimento. No entanto, pesquisas recentes conduzidas na Universidade de Brasília vêm mostrando que, quando os professores têm acesso a uma Pedagogia da Leitura tendem a fazer bom aproveitamento de suas estratégias e a melhorar seu trabalho pedagógico.

Este livro parte precipuamente de dois pressupostos: todo professor é por definição um agente de letramento[2]; todo professor precisa familiarizar-se com metodologias voltadas para as estratégias facilitadoras da compreensão leitora. Ao longo de seus capítulos discute-se muito o acervo de conhecimentos já acumulado no Brasil e em outros países, relacionado ao processo da leitura produtiva. A par dessa necessária revisão teórica do que poderíamos chamar uma pedagogia da leitura, houve a preocupação em descrever metodologias, discutir projetos, partilhar experiências bem-sucedidas. Enfim, este não é um texto teórico sobre compreensão leitora. É um diálogo com professores interessados em iniciar ou dar continuidade a um trabalho pedagógico cujo objetivo é tornar seus alunos leitores mais proficientes.

Além das dificuldades inerentes a esse trabalho pedagógico, temos de considerar também que a formação de professores em nosso país vem negligenciando dimensões de natureza mais prática, metodológicas, em benefício de uma suposta superioridade de conteúdos teóricos provenientes das ciências humanas. A educadora Eunice Durham, em entrevista à revista *Veja* (23 nov. 2008), expõe claramente esse problema:

> As faculdades de pedagogia formam professores incapazes de fazer o básico, entrar na sala de aula e ensinar a matéria. Mais grave ainda, muitos desses profissionais revelam limitações elementares: não conseguem escrever sem cometer erros de ortografia simples nem expor conceitos científicos de média complexidade. Chegam aos cursos de pedagogia com deficiências pedestres e saem de lá sem ter se livrado delas. Minha pesquisa aponta as causas. A primeira, sem dúvida, é a mentalidade da universidade, que supervaloriza a teoria e menospreza a prática. Segundo essa corrente acadêmica em vigor, o trabalho concreto em sala de aula é inferior a reflexões supostamente mais nobres. Os cursos de pedagogia desprezam a prática da sala de aula e supervalorizam teorias supostamente mais nobres. Os alunos saem de lá sem saber ensinar.

Na mesma linha de raciocínio crítico o pesquisador norte-americano Martin Carnoy, que recentemente elaborou uma avaliação da escola brasileira, aponta a fragilidade na capacitação dos professores para o efetivo trabalho de sala de aula como um dos principais problemas educacionais no Brasil. O problema apontado não se restringe à formação de professores para as séries iniciais do ensino fundamental, mas se estende a todas as licenciaturas:

> Falta ao Brasil entender o básico. Os professores devem ser bem treinados para ensinar – e não para difundir teorias pedagógicas genéricas. As faculdades precisam estar atentas a isso. Um bom professor de matemática ou de línguas é aquele que domina o conteúdo de sua matéria e consegue passá-lo adiante de maneira atraente aos alunos. Simples assim. O que vejo no cenário brasileiro, no entanto, é a difusão de um valor diferente: o de que todo professor deve ser um bom teórico. O pior é que eles se tornam defensores de teorias sem saber sequer se funcionam na vida real. Também simplificam demais linhas de pensamento de natureza complexa. Nas escolas, elas costumam se transformar apenas numa caricatura do que realmente são. (Martin Carnoy, Veja.com. Edição. 2132 30/9/09)

Depois deste capítulo de introdução, o próximo capítulo deste livro, "Matrizes de referência para a formação e o trabalho do professor como agente de letramento", traz duas matrizes que julgamos serem relevantes na formação do professor como agente de letramento. A primeira é uma matriz construída por nós com subsídios multidisciplinares, principalmente da sociolinguística educacional (para discussão sobre a sociolinguística educacional, ver Bortoni-Ricardo e Freitas, 2009), para avaliação do professor de educação infantil e séries iniciais do ensino fundamental. A segunda é uma matriz de referência para o desenvolvimento da compreensão leitora e é baseada no teste do Programa Internacional de Avaliação de Alunos (Pisa). O terceiro capítulo, "A mediação do professor na compreensão leitora", é dedicado à microanálise de protocolos de leitura que descrevem a mediação de professores no processo de leitura conjunta com alunos visando a facilitar a sua compreensão leitora. Os quatro capítulos seguintes trazem exemplos de aulas tutoriais de diversas disciplinas destinadas à fase conclusiva do ensino fundamental e ao ensino médio. Por fim, nos cinco últimos capítulos do livro são descritas aulas em nível de pós-alfabetização no ensino fundamental em que a professora trabalha o letramento científico.

Do terceiro capítulo em diante, os exemplos de trabalho com a leitura, com alunos, individualmente, ou em sala de aula, com todo o grupo, com estudantes que estão concluindo o ensino fundamental, cursando o ensino médio, ou frequentando as séries iniciais de consolidação das habilidades de alfabetização, demonstram estratégias pedagógicas que os professores têm de empregar a fim de desenvolver as habilidades previstas nas duas matrizes do segundo capítulo.

Matrizes de referência para a formação e o trabalho do professor como agente de letramento

Matriz de habilidades e conhecimentos para avaliação do professor de educação infantil e ensino fundamental, 1º ao 5º ano (conhecimentos específicos; alfabetização e letramento).

1. Desenvolver recursos para facilitar a integração entre os conhecimentos de língua oral que os alunos trazem consigo para a escola e as competências de leitura, escrita e oralidade que vão adquirir ou aprender;
2. Atentar para a transição dos modos de falar para os modos de escrever e ler;
3. Avaliar as capacidades relacionadas à alfabetização, incluindo a avaliação diagnóstica;
4. Construir matrizes de referência que definam conhecimento e competências voltados para estratégias de avaliação;
5. Reconhecer atividades pedagógicas com a língua materna que contribuem para o desenvolvimento linguístico, afetivo e social do aluno;
6. Organizar o tempo pedagógico e o planejamento do ensino;
7. Elaborar jogos e brincadeiras adequados ao ensino e aprendizagem da língua portuguesa;
8. Identificar as qualidades de um bom livro didático para o trabalho com a língua portuguesa levando em conta a série escolar em que atua;

9. Refletir sobre as convenções da língua escrita, inclusive pontuação;
10. Relacionar as dificuldades de hipossegmentação e de hipersegmentação das palavras pelos alunos aos padrões acentuais dos vocábulos fonológicos e grupos de força[3];
11. Organizar o uso da biblioteca escolar e das salas de leitura;
12. Identificar, em episódios de trabalho pedagógico de alfabetização em sala de aula, o método ou os métodos de alfabetização subjacentes àquela prática;
13. Reconhecer as diferenças entre ser alfabetizado e ser letrado;
14. Relacionar o conceito de alfabetização ao de tecnologia da escrita;
15. Identificar exercícios de alfabetização voltados para o desenvolvimento da consciência fonológica;
16. Reconhecer a ênfase no princípio alfabético em atividades de alfabetização;
17. Identificar procedimentos lúdicos preparatórios para a alfabetização na educação infantil;
18. Identificar a função da fala egocêntrica no processo de desenvolvimento e aprendizado das crianças da educação infantil;
19. Reconhecer ocorrências de processos cognitivos de percepção, atenção, memória, linguagem e pensamento em episódios de sala de aula;
20. Identificar, na produção escrita de crianças, as hipóteses heurísticas que elas desenvolveram;
21. Identificar em fragmentos interacionais do trabalho pedagógico episódios de construção de andaime;
22. Identificar em atividades de alfabetização exercícios voltados para a correspondência entre letra, som inicial e figura;
23. Relacionar a alofonia das vogais médias /e/ e /o/ ao padrão acentual dos vocábulos fonológicos e grupos de força[4];
24. Identificar em atividades de alfabetização exercícios voltados para a identificação da silaba tônica no vocábulo mórfico e no vocábulo fonológico;
25. Identificar atividades de alfabetização elaboradas para o desenvolvimento das seguintes habilidades nos educandos, avaliadas na Provinha Brasil (Inep/MEC):
    25.1 Diferenciar letras de outros sinais gráficos;
    25.2 Identificar as letras do alfabeto;
    25.3 Identificar diferentes tipos de letras;
    25.4 Identificar o número de sílabas em palavras;
    25.5 Identificar vogais e ditongos nasais e nasalizados;
    25.6 Relacionar convenções na grafia de ditongos nasais ao padrão acentual da palavra; particularmente no caso do ditongo /ãw/
    25.7 Identificar fonemas consonânticos e vocálicos que têm duas ou mais representações gráficas;

25.8 Identificar letras que representam mais de um fonema;
25.9 Ler palavras;
25.10 Ler frases;
25.11 Localizar informações explícitas em textos simples;
25.12 Reconhecer o assunto do texto;
25.13 Reconhecer a finalidade do texto;
25.14 Identificar textos de circulação social;
25.15 Realizar inferências de pouca complexidade;

26. Identificar os problemas no trabalho com a leitura e a escrita que resultam nos dois gargalos em que ocorre o maior número de repetências: no fim da primeira série e na quinta série;
27. Associar o grau de formalidade linguística de diferentes práticas sociais ao contexto de uso;
28. Associar as escolhas estilísticas do falante às expectativas do ouvinte, considerando ainda o assunto e o espaço social da interação;
29. Reconhecer os gêneros textuais: sua historicidade e intenções comunicativas;
30. Desenvolver o trabalho pedagógico adequado aos tipos textuais, gêneros de textos e demandas sociais;
31. Programar o trabalho pedagógico com textos didáticos e para-didáticos das diferentes disciplinas;
32. Programar o trabalho pedagógico em uma perspectiva multi-disciplinar;
33. Elaborar estratégias pedagógicas para o trabalho com a variação linguística: regional, social e funcional;
34. Valorizar o trabalho com as unidades linguísticas sempre contextualizadas;
35. Identificar atividades de leitura e escrita elaboradas para o desenvolvimento das seguintes habilidades nos educandos, avaliadas na Prova Brasil:
    35.1 Localizar informações explícitas no texto;
    35.2 Inferir o sentido de uma palavra ou expressão;
    35.3 Reconhecer o efeito de sentido decorrente da escolha de uma determinada palavra ou expressão;
    35.4 Identificar efeito de ironia ou humor em textos variados;
    35.5 Identificar o tema de um texto;
    35.6 Identificar a finalidade de textos de diferentes gêneros;
    35.7 Estabelecer relação de causa e consequência entre partes e elementos do texto;
    35.8 Inferir uma informação implícita em um texto;
    35.9 Estabelecer relações entre partes de um texto, identificando repetições ou substituições que contribuem para a continuidade temática;

35.10 Trabalhar o conhecimento vocabular dos alunos, considerando, para cada palavra, uma rede de itens integrados entre si por um grande número de vínculos associativos (de polissemia, de campo semântico, de sinonímia; antonímia, de paronímia etc.);

35.11 Trabalhar a apresentação de novos itens lexicais ao aluno, situando-os sempre em uma chave contextual;

36. Organizar a progressão na dificuldade de textos postulando critérios claros de seleção do material;

37. Desenvolver diagnósticos das capacidades e maturidade dos alunos leitores;

38. Selecionar os textos literários para o trabalho de sala de aula e para a leitura individual dos alunos, considerando as especificidades dos textos e dos gêneros literários;

39. Desenvolver atividades epilinguísticas e metalinguísticas que favoreçam a reflexão sobre a língua;

40. Identificar os recursos linguísticos necessários à implementação de tarefas comunicativas orais e escritas variadas;

41. Identificar os conhecimentos de mundo ou enciclopédico de que os educandos dispõem para dialogar com os textos que lhes são apresentados;

42. Reconhecer os princípios éticos no uso da língua;

43. Combater preconceitos sociais associados aos usos linguísticos;

44. Desenvolver estratégias facilitadoras da linguagem oral dos alunos;

45. Explicitar aos alunos recursos de monitoração estilística;

46. Estar apto a fazer mediações que facilitem o uso da língua portuguesa pelos educandos nas modalidades oral e escrita;

47. Organizar sequências didáticas considerando o conteúdo programático da disciplina nas sucessivas séries escolares;

48. Planejar as atividades diárias;

49. Organizar momentos de leitura livre e leitura em voz alta;

50. Desenvolver estratégias de mediação durante a leitura, explorando as pistas linguísticas fornecidas pelo texto;

51. Incentivar o trabalho colaborativo de leitura e escrita entre pares;

52. Desenvolver estratégias facilitadoras da revisão e refacção dos textos pelos alunos, individualmente, em duplas e coletivamente;

53. Criar estratégias para a recepção e a produção de textos literários, considerando a maturidade, os antecedentes socioculturais e os interesses dos alunos;

54. Desenvolver atividades voltadas para o tratamento de regras variáveis no repertório dos alunos identificando as mais frequentes, no grupo e individualmente;

55. Distinguir, entre as regras variáveis no repertório dos alunos, as que têm caráter regional das que têm caráter idiossincrático;

56. Desenvolver estratégias para trabalhar as seguintes regras variáveis que têm consequências na coesão textual:
  56.1 Mecanismos de coesão frásica da língua oral e da língua escrita (topicalização do sujeito; verbos haver e fazer impessoais; regras variáveis de regência verbal e de concordância nominal e verbal; regras variáveis de interrogação e do uso de relativas);
  56.2 Mecanismos de coesão temporal e referencial (simplificação da flexão modo-temporal; variação na morfologia verbal; neutralização dos pronomes sujeitos e objetos; apagamento do pronome objeto; supressão dos clíticos; formas variantes do pronome de primeira pessoa do plural; construção de cadeias anafóricas);
57. Trabalhar ações pedagógicas com o tema história de vida.

MATRIZ DE HABILIDADES DE LEITURA (FOCO: LER PARA APRENDER) – ENSINO FUNDAMENTAL DO 5° AO 9° ANO E ENSINO MÉDIO

Bloco 1: Recuperação de informação
1. Localizar informações literais em textos contínuos (narração, exposição, descrição, argumentação, instrução, hipertexto etc) e não contínuos (gráficos e quadros, tabelas, diagramas, mapas, formulários, folhetos de informação, peças publicitárias, comprovantes, certificados etc);
2. Integrar informações entre texto contínuo e texto não contínuo;
3. Integrar informações entre dois textos não contínuos;
4. Integrar informações entre dois ou mais textos contínuos;
5. Reconhecer a organização de informações em textos contínuos e não contínuos;
6. Relacionar informação dentro de um mesmo texto;
7. Encontrar informações para contrastar informações fornecidas no texto com a visão pessoal de mundo.

Bloco 2: Interpretação
1. Inferir um ponto de vista;
2. Inferir uma relação intencional;
3. Entender a função dos elementos em textos não contínuos (diagrama, gráfico, tabela);
4. Identificar o objetivo de um autor em um texto;
5. Estabelecer relações lógico-discursivas;
6. Identificar a intenção do autor em um texto argumentativo;

7. Distinguir fato de opinião;
8. Desenvolver uma hipótese coerente com a informação dada;
9. Comparar textos;
10. Reconhecer o cenário de uma história;
11. Deduzir o significado do título de um texto literário a partir do contexto;
12. Dar uma opinião sobre as atitudes de um personagem no texto e justificá-la;
13. Identificar a motivação/intenção de um personagem;
14. Perceber nuances na linguagem que realçam a interpretação;
15. Identificar elementos que sustentem um ponto de vista;
16. Entender a ideia principal de um texto;
17. Entender a ideia principal de parte de um texto;
18. Inferir a relação entre uma sequência de fatos;
19. Reconhecer a ideia principal de um texto quando as ideias estão contidas nos subtítulos;
20. Inferir a razão para uma decisão do autor;
21. Distinguir ideia principal das secundárias;
22. Integrar várias partes do texto;
23. Aplicar critérios dados em um texto a outros casos;
24. Reconhecer o objetivo de um texto;
25. Formar generalizações;
26. Integrar notas com texto principal;
27. Utilizar o conhecimento e a experiência pessoal para formular uma hipótese que seja coerente com informações fornecidas por um texto;
28. Associar informações;
29. Chegar a conclusões.

Bloco 3: Reflexão sobre o conteúdo e a forma do texto
1. Avaliar a apresentação e a forma de leitura de um texto;
2. Contrastar informações fornecidas no texto com a visão pessoal de mundo;
3. Avaliar como o autor finaliza um texto;
4. Relacionar o estilo de um texto ao seu propósito;
5. Avaliar a pertinência de uma seção do texto em relação ao seu significado e aos propósitos gerais;
6. Justificar o próprio ponto de vista;
7. Avaliar a qualidade de textos argumentativos;
8. Reconhecer as vantagens de uma formatação especial em relação ao conteúdo;
9. Refletir sobre a forma de um texto.

A MEDIAÇÃO DO PROFESSOR NA COMPREENSÃO LEITORA

PROTOCOLOS DE LEITURA

Neste capítulo, descrevemos um episódio de 60 minutos no qual uma professora pesquisadora e um aluno de 16 anos cursando o primeiro ano do ensino médio fazem a leitura de um texto retirado do livro didático de Língua Portuguesa, volume único para o ensino médio, de Ernani Terra e José de Nicola. As sequências lidas estão entre aspas.

Trata-se de um protocolo de leitura, que consta do banco de dados do projeto "Leitura e Mediação Pedagógica", coordenado pela profª Stella Maris Bortoni-Ricardo e apoiado pelo CNPq.

Os protocolos de leitura no referido projeto não se enquadram estritamente na descrição usual desse tipo de metodologia (cf. Cavalcanti, 1989). Tomitch (2007) discute diferentes tipos e usos de protocolos verbais e mostra que o seu emprego para a obtenção de dados sobre o processo de leitura vem-se tornando cada vez mais comum (Tomitch, 2008, 2003; Afflerbach, 2000; Davies, 1995; Pressley; Afflerbach, 1995). A autora distingue protocolos de verbalização concorrente e de verbalização retrospectiva (Ericsson; Simon, 1980). Essa última refere-se à descrição que o leitor faz de uma situação específica de leitura que acabou de fazer. Ainda segundo Tomitch (2007), na classificação de Cohen (1987), a autorrevelação, chamada de "verbalização coocorrente ou concorrente" por Ericsson e Simon, refere-se à descrição que o leitor faz do seu processo de leitura no momento em que está lendo, isto é, concomitantemente à leitura.

No protocolo a seguir, chamamos a atenção para dois conjuntos de estratégias: as estratégias de compreensão do leitor e as estratégias de mediação da professora pesquisadora. A análise revela, por um lado, as dificuldades naturais que um professor enfrenta quando realiza atividades de mediação com vistas a facilitar a compreensão leitora de seus alunos. Essas dificuldades crescem quando o trabalho tem de ser feito com um conjunto de alunos simultaneamente, em sala de aula.

Por outro lado, encontramos evidências de que um bom trabalho pedagógico de andaimagem, na mediação da leitura, pode surtir efeitos muito positivos.

O conceito de andaime ou andaimagem (tradução de *scaffolding* do inglês) está baseado na tradição de estudos do discurso de sala de aula[5] e se deriva da teoria sociocultural de língua e aprendizagem avançada pelo psicólogo russo Lev S. Vygotsky. Entendemos, todavia, que a sociolinguística interacional também pode trazer uma contribuição relevante na operacionalização do conceito de andaime ou andaimagem (Bortoni-Ricardo 2005 e Bortoni-Ricardo e Sousa, 2006). As raízes desse ramo da Linguística, que é uma abordagem sociolinguística à interação humana, fundam-se nos trabalhos de John Gumperz e associados [cf. Ribeiro e Garcez (orgs.), 2002, e Jung, 2009]. As referidas perspectivas invocadas aqui para a compreensão do conceito de andaime compartilham pelo menos dois pressupostos. Primeiro: a linguagem, e consequentemente a interação entre pessoas, são consideradas fundamentais no processo de aprendizagem; e, segundo: as ações humanas, incluindo-se aí a linguagem, constituem esforços construídos de forma cooperativa e conjunta pelos interagentes.

Andaime é um conceito metafórico que se refere a um auxílio visível ou audível que um membro mais experiente de uma cultura pode dar a um aprendiz. O trabalho de andaimagem é mais frequentemente analisado como uma estratégia instrucional no domínio da escola, mas, de fato, pode ocorrer em qualquer ambiente social onde tenham lugar processos de sociabilização.

O termo foi introduzido pelo psicólogo norte-americano Jerome Bruner (1983), cujo principal interesse são as formas institucionais pelas quais a cultura é transmitida. Subjacente ao seu trabalho, releva-se a noção de zona de desenvolvimento proximal (ZDP) avançada por Vygotsky (1997). Segundo esse autor russo, a ZDP é o espaço entre o que o aprendiz pode realizar sem nenhuma assistência e o que consegue mediante assistência de um par mais experiente. Há que se considerar ainda, na teoria sócio-histórica legada por Vygotsky, a ênfase nas relações interpessoais: a aquisição do conhecimento, como um atributo intrapessoal, processa-se na ação entre pessoas.

O outro conceito seminal da racionalidade subjacente à andaimagem é, segundo o nosso entendimento, o de pistas de contextualização proveniente da Sociolinguística gumperziana.

Para John Gumperz (2003), pistas de contextualização são quaisquer sinais verbais ou não verbais que, processados juntamente com elementos simbólicos gramaticais ou lexicais, servem para construir a base contextual para a interpretação localizada, afetando assim a forma como as mensagens são compreendidas.

Esther Figueroa (1994: 113), ao analisar a obra de Gumperz, apresenta esta interessante definição para pistas de contextualização:

> Qualquer traço da forma linguística que contribui para sinalizar aos participantes de uma interação que a comunicação está transcorrendo sem transtornos, facilitando-lhes a codificação e a interpretação de sua intencionalidade.

As pistas de contextualização transmitem-se por traços prosódicos (altura, tom, intensidade e ritmo na produção verbal); cinésicos (decoração facial, direção do olhar, sorrisos e franzir de cenho) e proxêmicos. Todos eles são recursos paralinguísticos que, juntamente com o componente segmental dos enunciados, são a principal matéria-prima de que se constituem os andaimes. Sendo assim, a microanálise das pistas de contextualização permite-nos uma descrição pormenorizada do trabalho de andaimagem. Note-se que as estratégias de andaimes são culturalmente específicas e podem variar muito em função de redes sociais, grupos étnicos ou culturais e, principalmente, comunidades nacionais.

Na tradição do discurso de sala de aula, os andaimes são associados com as iniciações de um evento de fala pelo professor e com suas avaliações das respostas dos alunos. Estamos considerando aqui o modelo tripartite IRA (iniciação, resposta, avaliação), tradicionalmente usado na análise do discurso de sala de aula e proposto por Sinclair e Coulthard (1975). O IRA se compõe de um turno de iniciação pelo professor – geralmente uma pergunta ou uma problematização – seguido sucessivamente da resposta dos alunos e da avaliação ou correção do professor. Observe-se também que os andaimes podem ser construídos na interação professor/alunos ou alunos/alunos. Finalmente, é preciso ressaltar que uma característica básica do processo de andaimes é o estabelecimento de uma atmosfera positiva entre professor e alunos por meio de ações simples, como a de se ouvirem e se ratificarem mutuamente, como aprendemos na Pedagogia de Paulo Freire (cf. Bortoni-Ricardo, 2005).

Um trabalho de andaimagem pode tomar a forma de um prefácio a uma pergunta, de sobreposição da fala do professor à do aprendiz, auxiliando-o na elaboração de seu enunciado, de sinais de retorno (ba-ckchanneling), comentários, reformulações, reelaboração e paráfrase e, principalmente, expansão do turno de fala do aluno. Todas essas estratégias dão a ele a oportunidade de "reconceptualizar" o seu pensamento original, seja na dimensão cognitiva seja na dimensão formal.

Cazden (1988) associa a reconceptualização ao turno de fala do professor reservado à avaliação, mas alerta para o fato de que esse turno não deve ser apenas um veredito sobre a correção ou a incorreção da contribuição dos estudantes. Antes, é uma oportunidade de induzi-los a novas formas de pensar, de analisar, de categorizar. Segundo a autora há uma diferença crucial entre ajudar um aluno a dar uma resposta e ajudá-lo a atingir uma compreensão conceitual que lhe permitirá produzir respostas corretas e pertinentes em situações semelhantes.

No protocolo que transcrevemos a seguir, a mediação da professora é subsequente aos turnos de leitura ou de respostas do aluno leitor. De fato, a professora pesquisadora interage durante todo o evento com o leitor, desenvolvendo uma sequência de intervenções de mediação, que se caracterizam como andaimes. Podemos caracterizar a análise dos turnos como uma microanálise, a qual se baseou na transcrição da gravação em áudio do episódio completo.

MODELO DE PROTOCOLO DE LEITURA

1. P – Eu estou aqui com A., nosso primeiro encontro esse ano, não é? No dia 30 de março, hoje. E nós vamos ler, que texto nós vamos ler?
2. A – "A regressão da redação".
3. P – "A regressão da redação". Foi esse que a sua professora leu?
4. A – Foi.
5. P – Este aqui, não? (Aponta outro texto)
6. A – Não. Ela pulou este texto.
7. P – Pulou qual?
8. A – Este, texto 2.
9. P – Então vamos trabalhar com o que ela pulou. Tá bom? Ok, então vamos trabalhar com este texto que você já leu sozinho em voz baixa há pouco. Qual é o título?
10. A – "Os estudantes leem, mas não entendem."

Do turno (1) ao (10) a professora (P) está motivando o aluno (A) para a leitura e chamando sua atenção para o título. Atentar para o título é uma estratégia importante porque permite ao leitor antecipar o conteúdo do texto e fazer previsões sobre ele.

11. P – "Os estudantes leem, mas não entendem". Você já tem uma ideia sobre o que seria esse texto?
12. A – Sobre a maioria dos estudantes brasileiros que leem textos e não entendem, não sabe o significado.

A estratégia surtiu um bom efeito, pois A foi capaz em (12) de parafrasear o título acrescentando uma informação específica ao informar que se tratava de estudantes brasileiros.

13. P – Você sabe o significado das palavras. Muito bem. Vamos ler?

Em (13) P ratifica o turno de A, ampliando-o. E reitera o convite para que procedam à leitura conjunta. Em seguida (14), o aluno começa a ler o texto que é uma notícia de jornal reproduzida no livro didático.

14. A – "Brasília, Agência Estado. O aluno brasileiro não compreende o que lê, revela o resultado do Programa Internacional de Avaliação de Alunos (Pisa), divulgado ontem. Entre 32 países submetidos ao teste, o Brasil ficou em último lugar. A prova mediu a capacidade de leitura de estudantes de 15 anos, independentemente da série em que estão matriculados.
'Esperava um desastre pior', disse o ministro da Educação, Paulo Renato Souza, ao anunciar o resultado. Em primeiro lugar ficou a Finlândia. Em penúltimo, à frente do Brasil, o México. Dos 32 países avaliados, 29 fazem parte da Organização para Cooperação e Desenvolvimento Econômico (OCDE) – entidade que reúne nações desenvolvidas, como os Estados Unidos ou o Reino Unido, e outras nem tanto, como a Polônia e a República Checa. Também participaram Brasil, Letônia e Rússia.
A prova foi aplicada no ano passado, envolvendo ao todo 265 mil estudantes de escolas públicas e privadas. No Brasil, participaram 4,8 mil alunos de 7ª e 8ª série do ensino fundamental e do 1º e 2º ano do ensino médio. O objetivo foi verificar o preparo escolar de adolescentes de 15 anos, tendo em vista os desafios que terão pela frente na vida adulta."

O fragmento lido em (14) contém uma grande quantidade de informações que serão trabalhadas na sequência do episódio. Antes de cuidar delas, contudo, P dedica-se a esclarecer com A as informações relacionadas às diversas fontes do texto. Trata-se de convenções próprias do letramento praticado na imprensa e na vida acadêmica. Em (15) P dirige a atenção de A para a informação encontrada no pé da página. A reconhece em (16) que se trata de um endereço de URL iniciado com www, pois faz um curso de informática e portanto essa informação já está presente em seu conhecimento prévio ou de mundo. Mas não identifica o código como um texto fonte e em (16), depois de alguma hesitação, interpreta o código como sendo o site do livro.

15. P – Muito bem, então, o que que você tem aqui depois do texto?
16. A – O site da... do livro.
17. P – Que que tá escrito?
18. A – www.oliberal.com.br. Arquivo, notícias, nº de série...
19. P – Então, por que será que trouxeram esse endereço de um site logo depois de um texto?
20. A – Para verificar o que estava escrito no texto.
21. P – Você acha que é pra gente ir lá verificar o que está escrito aqui?
22. A – Aham.
23. P – Poderia também. Mas o mais provável é que eles tenham posto este endereço de um site porque este texto foi retirado deste site. Você veja que... tem autor nesse texto?
24. A – Não.
25. P – No texto anterior tem o nome do autor?
26. A – Tem, Carlos Eduardo Novaes.
27. P – Carlos Eduardo Novaes. E este aqui tem autor?
28. A – Não.
29. P – Não. Mas os autores do seu livro, aliás, vamos ver quem são eles. É um livro de português, volume único para o ensino médio. De Ernani Terra e José de Nicola. Os autores do seu livro colocaram esta informação, que é uma fonte. Que quer dizer fonte?
30. A – Onde fica o nome dos autores.
31. P – A fonte, quando você lê um livro ou alguma informação e vai usar aquela informação, às vezes as pessoas podem perguntar assim "qual é a sua fonte?". Que que significa a sua fonte?
32. A – Dizer o... a...

Nos turnos de (17) a (32), P processa uma sequência de andaimes procurando levar A a uma compreensão mais precisa da referência cifrada ao final do texto. Em (17) pede a A que releia a informação (18). Em (19) P faz uma pergunta complexa que contém uma relação de causa e consequência. A resposta de A em (20) não é satisfatória. P insiste em (21) aduzindo uma pergunta que poderia desvelar a falta de lógica na resposta de A em (20), mas a estratégia não é bem-sucedida e A em (22) confirma a hipótese que havia avançado em (20). Sem refutar frontalmente a resposta de A (22), P oferece um turno (23) iniciando-o com uma mitigação e fechando-o com a informação precisa. Apresenta ainda uma pergunta de natureza sim/não na tentativa de fazê-lo refletir sobre a informação que acabou de repassar-lhe. Em (24) A dá uma resposta satisfatória. Aproveitando-se desse bom resultado, P continua o processo de andaimagem propondo a questão em (25) que fornece subsídios para A perceber a diferença entre um texto autoral e um texto reproduzido de uma fonte mencionada. De (26) a (29) P insiste na estratégia. A acompanha o raciocínio. Somente em (29) P faz uma referência direta à palavra "fonte", mas percebe que é uma palavra polissêmica e decide verificar se A percebe o significado da palavra naquele contexto. Em (30), A demonstra que não está familiarizado com o sentido de fonte como origem de um texto reproduzido. Em (31) P esclarece o significado de fonte, mas não usa uma definição denotativa. Prefere ilustrar, em vez de definir e cria uma situação hipotética relacionada à experiência de vida de A. No entanto, em (32) A mostra não ter ainda chegado à compreensão do que seria a fonte de um texto.

33. P – Hein? Você sabe, porque nós chegamos à conclusão de que www.oliberal.com.br é a fonte desse texto, ou seja, é a fonte por quê?
34. A – Porque mostra de onde o texto foi tirado.
35. P – Muito bem. A fonte é isso, de onde esse texto foi tirado. A fonte de uma informação é de onde essa informação foi obtida, certo? No caso aqui, www.oliberal, você tem ideia do que vem a ser "O Liberal"? É um jornal www.oliberal.com.br. Depois você pode abrir a internet e procurar "O Liberal". Você veja que em "O Liberal" as duas palavras estão escritas juntas, por quê?
36. A – Porque o site não pode escrever palavras separadas.
37. P – É. Não pode, isso mesmo. Muito bem, então nós sabemos que esse texto que você acabou de ler foi obtido pelos seus autores na internet. Exatamente onde?
38. A – Do site.
39. P – Do site. Site www?
40. A – ponto o liberal.

P constata em (32) que é preciso insistir na estratégia de andaime relacionada ao esclarecimento sobre fontes de texto, textos transcritos, reprodução de textos etc. Em (33), P evita deixar tácito que A ainda não tinha atingido uma compreensão adequada. E opta por reiterar a informação em (33), mas na conclusão do turno avalia se de fato a compreensão se concretizou. Em (34), A é assertivo ao mostrar que já não tinha dúvida quanto ao conceito explicado. P oferece um reforço positivo e em (35) amplia a informação. Diante da resposta não verbal do aluno indicando que não sabia o que era "O Liberal", fornece a resposta e indiretamente toma como pressuposto as novas habilidades de A com seu curso de informática. Em (35), P continua a dar estímulos positivos e recorre a uma informação que A certamente tem; sua resposta apropriada em (36) ajuda a melhorar sua autoestima e a mantê-lo motivado a continuar a leitura.

41. P –.com.br. Agora outra coisa interessante que temos nesse texto. Temos este título aqui "Estudantes leem, mas não entendem", aí depois tem aspas aqui e aspas aqui. Por que será que essas aspas... você identificou que eram aspas? É que elas são grandes, né? Mas são aspas, por que tem aspas?
42. A – Pra... alguma coisa assim importante.
43. P – Às vezes usamos aspas numa palavra pra indicar que é um texto ou uma palavra importante, ou que está sendo usada com um sentido diferente do usual para o qual o autor do texto quer a nossa atenção, mas veja que os seus autores... aqui nós temos veja... Como é que se chama esse capítulo?
44. A – "A produção de texto"
45. P – Aí vem agora a parte?
46. A – Texto, leitura e reflexão.
47. P – Aqui o que eles põem?
48. A – "Reproduzindo questões de vestibular da Federal do Amapá, cujo tema é a produção de textos".
49. P – Então esses textos que você está lendo, você leu este texto com a sua professora na escola e agora você está lendo este comigo. Veja que os textos que eles estão pondo, eles estão pondo entre aspas. Você desconfia por quê? Porque eles estão reproduzindo esses textos. Estão reproduzindo de onde?
50. A – Da Universidade Federal do Amapá.
51. P – Do? Vestibular, né? O vestibular é um assunto que já está nos interessando. Veja que esse texto pequeno que você leu também está entre aspas. Nós fomos ver, não é porque ele saiu desse site não. É porque eles estão re-pro-du-zin-do. Veja a palavra aqui ó "re"? Que que ele escreve?
52. A – Reproduzimos.
53. P – Reproduzimos. Quer dizer, eles pegaram o texto "conforme apareceu na prova", qual a prova?

54. A – Da Universidade... do vestibular.
55. P – Qual prova de qual universidade?
56. A – Unifap.
57. P – Que vem a ser a?
58. A – Do Amapá.
59. P – Universidade Federal...
60. A – Do Amapá.
61. P – Onde fica o Amapá?
62. A – Perto de...
63. P – Norte, Sul, Leste ou Oeste?
64. A – Norte.
65. P – Norte. Daqui a pouco nós vamos ali ver o mapa do Brasil, ele fica bem no Norte. É um estado do Norte. Então esses textos apareceram na prova de vestibular do Estado... da Federal do Amapá. Sabe a capital do Amapá?
66. A – Acho que é Palmas.
67. P – Não, Palmas é capital do Tocantins. Amapá, a capital é Macapá. Já já nós vamos olhar lá no mapa. Então não foram os seus autores que pegaram esse texto na internet. Quem é que pegou?
68. A – A Universidade Federal do Amapá.

No segmento de (41) a (68), P continua a trabalhar convenções gráficas do texto. Convém reiterarmos que essas convenções são um componente importante para a compreensão leitora. Em (41), dirige a atenção de A para as aspas que marcam o título do texto. Em (42), A demonstra que já aprendeu uma das funções das aspas, mas não é essa exatamente a função em foco. Em (43), P aceita a informação anterior de A, mas percebe ser necessário iniciar um *round* para esclarecer o uso das aspas no contexto específico, volta ao título do capítulo (44) e dirige a atenção de A para a nota dos autores em (48). Em (49), faz uma pergunta direta sobre o uso de aspas e, mediante a falta de resposta, fornece a resposta. Na conclusão do turno (49), faz uma pergunta específica. A vai buscar corretamente a informação no texto (50). De (49) a (60), P introduz uma sequência de perguntas para reforçar a compreensão de que os autores do livro didático haviam reproduzido questões do vestibular da Unifap. No fragmento entre (57) e (60), P volta a avaliar a compreensão de A e em (61) aproveita para introduzir, por meio de estratégia de ensino incidental, um conhecimento interdisciplinar. A titubeia em (62), e P constrói um andaime bem específico em (63). A estratégia surte um bom efeito porque em (64) A fornece a resposta correta. O que incentiva P a prosseguir até (68) no tema interdisciplinar.

69. P – Muito bem, e tudo isso está explicado aqui. Tem um texto que apareceu em outro lugar, é um texto com diferentes fontes e eles estão indicando isso pra nós. O primeiro texto que eles pegaram foi um texto de?

70. A – Carlos Eduardo Novaes.

71. P – Quem que seria o Carlos Eduardo Novaes?

72. A – Um escritor.

73. P – É um escritor, escreve coisas muito interessantes, muito engraçadas. Agora o segundo texto que estamos lendo foi escrito por um autor cujo nome está aqui?

74. A – Não.

75. P – Não. Alguém escreveu, mas não sabemos quem. É porque os professores lá da Unifap, Universidade Federal do Amapá, foram buscar esse texto onde? Nesse site. Mas ainda tem mais informações sobre esse texto. Ele começa, quando ele começa o que que temos?

76. A – Brasília, Agência Estado.

77. P – Que será que isso quer dizer pra nós, hein? Veja que o outro texto, o texto anterior não tinha... ele não começava assim, começava direto no texto "Semana passada recebi um telefonema de uma senhora" não foi? Aí vem contar uma história. E aqui?

78. A – Aqui começa com "Brasília, Agência Estado".

79. P – O que você leu é uma história?

80. A – Não.

81. P – O que você leu com a sua professora, qual o nome da sua professora? Esqueceu nesse momento, mas depois você vai lembrar. Esqueceu nesse momento. Quando você leu... faz tempo que você leu esse texto do Carlos Eduardo Novaes?

82. A – Faz. Faz um tempo

83. P – Era uma história? Que que era?

84. A – Era uma história.

85. P – E esse que você leu hoje é uma história?

86. A – Não.

87. P – Não. E o que é? O que você acha que é isso?

88. A – Um fato.

89. P – É um fato. Onde... escrito da forma como ele foi escrito, esse fato, esse fato real, você acertou bem, é um fato real. Aqui era uma história que pode ser verdadeira ou pode ser da imaginação do Carlos Eduardo Novaes, não é? Mas aqui não é da imaginação de ninguém, isso é um fato. E quando ele começa "Brasília, Agência Estado" isso te dá alguma pista de qual... que tipo de texto, onde é que esse fato teria sido relatado?

Nessa sequência, (69) – (89), P opta por reiterar as informações relacionadas à questão dos textos reproduzidos, mas introduz como noção nova a de gêneros textuais. A motivação para essa estratégia foi P ter percebido que a identificação do gênero poderia contribuir para a compreensão dos pontos enfatizados até aquela altura. Em (69), faz referência ao fato de que o texto foi originalmente veiculado no site de um jornal, depois foi reproduzido por uma prova de vestibular e finalmente incorporado a um livro didático. Em (70), volta à noção de texto literário autoral. Até (73), P e A discutem a identidade do autor. Após fazer a comparação, P termina o turno (73) com uma pergunta direta, do tipo sim ou não. Em (74), A dá uma resposta correta. Observe-se que perguntas do tipo sim ou não são de processamento mais fácil. Em (75), P dá prosseguimento à linha de raciocínio, mas verifica ser necessário incluir uma nova informação sobre a fonte do texto. Dirige a atenção de A para a informação: Brasília, Agência Estado. Em (77) volta a comparar a introdução dos dois textos. A estratégia aqui é mostrar que o texto literário e o texto jornalístico são introduzidos de formas diferentes. De (79) a (86), faz perguntas simples que A responde. Em (87), procura induzir A à compreensão de que o texto jornalístico é diferente do texto narrativo anterior. A responde bem à estratégia (88). Em (89), P dá um reforço positivo e aduz mais informações sobre a diferença entre os dois textos. A intenção é levar A a perceber o que seria uma agência de notícias. A indagação fica explícita em (91) a seguir.

90. A – Na Agência Estado?
91. P – Você sabe o que Agência Estado? As Agências são órgãos que reúnem notícias que são divulgadas e enviadas para os jornais, para o rádio, para a televisão, então são agências de notícias, o nome completo delas. E essas agências veiculam, divulgam notícias. Qual foi a Agência aqui?
92. A – Estado.
93. P – Será que essa Agência é uma Agência... Com esse nome aqui, isso te dá alguma ideia de onde... de que Agência seria essa?
94. A – Uma Agência de Brasília.
95. P – Ela é de Brasília, porque se ela fosse do Rio de Janeiro você leria aqui "Rio de Janeiro, Agência tal", "São Paulo, Agência tal", "Nova Iorque, Agência tal". Que que nós temos aqui? "Brasília, Agência Estado." Então essa Agência está localizada onde?
96. A – Em Brasília.
97. P – Em Brasília. Você poderá depois fazer uma pesquisa pra ver se essa Agência Estado é uma Agência do governo brasileiro. Acredito que seja, mas eu não tenho certeza. Eu imagino que

possa ser, ainda porque ela fica em Brasília, capital do Brasil. Então, quem é que gerou esta informação?

98. A – A... A Agência Estado.
99. P – Foi a Agência Estado. Lá trabalham jornalistas que se encarregam de saber o que está acontecendo e geram notícias. Essa notícia foi gerada então na Agência Estado e aí depois foi veiculada onde?
100. A – No site.
101. P – O liberal. Agora, você... ela não é uma história. Ela é uma poesia?
102. A – Não.
103. P – Também não. Lembra-se que nós já estudamos poesias aqui? De Fernando Pessoa...
104. A – Aham.
105. P – "Tudo vale a pena..."
106. A – "...se a alma não for pequena".
107. P – Era uma poesia. "Ó mar, quanto do teu sal são lágrimas de Portugal." Então essa não é uma poesia. E também não é uma história como essa que você leu lá, escrita pelo Carlos Eduardo de Novaes. Então, isso aqui, esse tipo de texto é o quê, hein? Se não é uma poesia, se não é uma história, é uma carta?
108. A – Não.
109. P – Não é uma carta. Como é que você sabe que não é uma carta?
110. A – Por causa que não fala quem é o remetente, quem é...
111. P – O destinatário. Muito bem, se fosse uma carta começaria como?
112. A – Com o nome do destinatário e do remetente.
113. P – Primeiro você começa com o local e a data. Depois "Prezado A., pá pá pá. Cordialmente S.M." seria uma carta minha pra você, mas não é uma carta. É um bilhete?
114. A – Não.
115. P – Não é. O que seria isso? Onde é que um texto desses poderia ser veiculado?
116. A – Não sei...
117. P – Nós já dissemos que aqui nesse site www.oliberal.com. O que seria "O liberal"?
118. A – Uma Agência.
119. P – A Agência é a Agência Estado. O Liberal é um?
120. A – Site.
121. P – Site, mas é um site ligado a quê?
122. A – À Universidade.
123. P – A um jornal. O Liberal é um jornal. Então, esse pequeno trecho que você leu, o que é?
124. A – Um fato de um jornal.

125. P – Um fato de um jornal. Os fatos quando são veiculados no jornal, como é que a gente chama?
126. A – Notícia.
127. P – Notícias! Notícia! Então esse texto é uma?
128. A – Notícia.
129. P – Notícia veiculada num jornal. Só que não foi veiculada num jornal impresso, pode até ter sido veiculada num jornal impresso, ou pode ter sido veiculada somente no site desse jornal, mas é uma notícia. E você disse muito bem, que o que a notícia traz aqui são fatos. Quem se responsabiliza por passar essa notícia pro jornal, quem foi?
130. A – O vestibular?
131. P – Não, não. O vestibular só aproveitou essa notícia pra fazer perguntas pros meninos. Quem que gerou, quem que é responsável por divulgar essa notícia?
132. A – O Liberal.
133. P – O Liberal divulgou sim, ele é responsável sim, mas essa notícia não foi gerada lá no Liberal. Acabamos de ver, onde é que essa notícia foi gerada?
134. A – Na... Agência Estado.

De (91) a (99), P inicia um novo *round* para levar A a compreender o que é uma agência de notícias, identificando também a cidade onde está situada. Em seguida, volta a comparar o gênero lido com outros gêneros que A já conhece (100) – (134). Na sequência, P se detém sobre as informações efetivamente veiculadas na notícia.

135. P – Na Agência Estado. Agora, essa notícia é uma notícia sobre uma pessoa, é uma notícia sobre o aniversário de alguém, é uma notícia sobre alguém que foi atropelado ou é uma notícia mais ampla?
136. A – Mais ampla.
137. P – Mais ampla, porque essa notícia é uma notícia sobre o quê?
138. A – Sobre... os alunos brasileiros... não sabem ler e não entende o que lê.
139. P – Não entendem o que leem, né? Agora, por que que a Agência Estado divulgou essa notícia que foi veiculada no Liberal? Houve um fato que deu origem a essa notícia, que fato é esse?
140. A – Hum...
141. P – Vamos ler de novo o primeiro parágrafo. Onde começa e onde termina o primeiro parágrafo?
142. A – Começa "O aluno" e termina em "matriculados".
143. P – Então leia.

144. A – "O aluno brasileiro não compreende o que lê, revela o resultado do Programa Internacional de Avaliação de Alunos (Pisa), divulgado ontem. Entre 32 países submetidos ao teste, o Brasil ficou em último lugar. A prova mediu a capacidade de leitura de estudantes de 15 anos, independentemente da série em que estão matriculados."

145. P – Então, houve um fato gerador dessa notícia. Qual é o fato gerador da notícia?

146. A – Que tinha estudantes de 15 anos que não entendia o que lê...

147. P – Sim, isso mesmo. Mas por que, por que que nesse dia específico a Agência Estado divulgou essa notícia? O que que aconteceu?

148. A – Eles pesquisaram.

149. P – "O aluno brasileiro não compreende o que lê, revela..."

150. A – "...o resultado do Programa Internacional de Avaliação de Alunos (Pisa), divulgado ontem".

151. P – Então o que que aconteceu que levou a Agência Estado a divulgar essa notícia?

152. A – O Programa Internacional de Avaliação de Alunos.

153. P – O Programa Internacional de Avaliação de Alunos, chamado Pisa. O que que ele fez?

154. A – Divulgou o programa.

155. P – Divulgou o quê?

156. A – Que os alunos não entendiam o que lê.

157. P – Que leem. Lembra-se que um aluno lê, mais de um, dois, três leem. Tá? O que que o Pisa então mostrou? Mostrou naquele dia, na véspera da Agência Estado divulgar essa notícia houve um fato. O fato é que o resultado do Pisa foi? Que que houve com o resultado do Pisa? Como é que todo mundo ficou sabendo do resultado do Pisa?

158. A – Pela internet.

159. P – Mas qual que é a palavra aqui que mostra que o Pisa tornou público esse resultado?

160. A – Divulgado.

161. P – Di-vul-ga-do. Que quer dizer divulgado?

162. A – Ter... falado...

163. P – Falado para?

164. A – Para o mundo.

165. P – Para o mundo, para o país, né? Divulgado, quer dizer, falado para as pessoas de modo geral. E o que que esse resultado do Pisa divulgado na véspera, véspera do dia que a Agência enviou essa notícia, que que ele dizia?

166. A – Que dos 32 países submetidos ao teste o Brasil ficou em último lugar.

A MEDIAÇÃO DO PROFESSOR NA COMPREENSÃO LEITORA 39

167. P – Brasil ficou em último lugar. Quem é que prestou esse teste?
168. A – O Programa...
169. P – Quem organizou foi o Pisa, mas quem prestou o teste?
170. A – A Agência de Estado.
171. P – Preste atenção, A.. Quem fez o teste?
172. A – O Pisa.
173. P – O Pisa organizou o teste. Quem é que foi lá na escola pra prestar o teste, pra fazer o teste? Quem foi? Foram os professores? Foram os professores de português que fizeram o teste?
174. A – Não.
175. P – Foram os jornalistas que fizeram o teste?
176. A – Foi.
177. P – Foram os jornalistas? O teste era pra ser feito por jornalistas?
178. A – Não.
179. P – O teste era pra ser feito pelos menininhos que estão aprendendo a ler como no caso do seu irmão?
180. A – Não.
181. P – Não. Pra quem... quem prestou esse teste?
182. A – Os estudantes de 15 anos.
183. P – Os estudantes de 15 anos. Então, o teste se chama Pisa e quem é que fez o teste?
184. A – Estudantes de 15 anos.
185. P – De qual série escolar?
186. A – Independentemente de qual séries estão matriculados.
187. P – Que quer dizer isso?
188. A – Não importa qual série eles estavam.
189. P – Não importa em que série eles estivessem. Aos 15 anos é provável que os estudantes estejam em que série?
190. A – 1º ano.
191. P – No 1º ano. Ano passado você tinha 15, em que série você tava?
192. A – Na oitava, mas era aceleração.
193. P – Na oitava fazendo aceleração da 9º. E agora você tem 16, em que série você está?
194. A – 1º ano.
195. P – Então, quando os alunos, estudantes... foram fazer o teste Pisa, alguém disse "só pode vir quem estiver na oitava série, ou quem estiver na nona série". Falaram isso?
196. A – Não.
197. P – Que que falaram?
198. A – Que independentemente da série que estão matriculados.
199. P – Qual que era então a exigência pra fazer o teste? Só rapazes que podiam? Só moças que podiam?
200. A – Não.

201. P – Qual era a única exigência pra fazer o teste?
202. A – Tinha que ter 15 anos.
203. P – E? Tinha que ter 15 anos e que mais? Ser alunos... quem são eles?
204. A – Estudantes.
205. P – Estudantes. São estudantes em qualquer série desde que tivessem 15 anos. Aí eles foram lá e prestaram o teste e o resultado qual foi?
206. A – Que de 32 países o Brasil ficou em último lugar.

Em (135), P retoma a estratégia de levar A a construir predições sobre o texto, fazendo uma pergunta de múltipla escolha. Diante das opções apresentadas, A responde corretamente em (136). P aproveita, então, para retomar o tema do texto (137). Em (139), expande o turno anterior de A apresentando as variantes mais adequadas das formas verbais. Em seguida, postula uma pergunta para verificar se A associa a divulgação da notícia a seu fato gerador. A não consegue apresentar uma resposta (140). Em (141), P retoma uma estratégia de identificação de informações no texto do primeiro parágrafo, não sem antes verificar se A sabe reconhecer parágrafos (141) – (142). Em (145), após a releitura de A, P apresenta a expressão "fato gerador", A dá mostra de compreendê-la em (146). De (147) a (165), P continua a formular perguntas para que A compreenda que a notícia divulgada pela Agência havia sido motivada por um fato. Em (166), A reage positivamente à sequência de andaimes e recupera uma informação importante do texto. No turno seguinte, P testa a compreensão de outra informação, A se confunde. Até (178), ocorrem várias trocas de turnos que visam a desfazer equívocos de compreensão. Em (179), P altera sua estratégia, formulando uma pergunta por meio da qual se aproxima do conhecimento de mundo de A. É uma estratégia de convergência, P afastando-se das informações gerais constantes do texto e se aproximando da experiência de vida de A. A estratégia é bem-sucedida, pois na sequência de perguntas de (180) a (206), o diálogo fluiu e A foi capaz de fornecer várias respostas corretas.

207. P – O resultado é muito triste, né? Muito triste. Quem... aqui então... veja que nós temos, nós temos aspas aqui pequenininho, não temos?
208. A – Tem.
209. P – Só que diferente dessa aspa do início essa aqui é uma aspa só e essa aqui é uma aspa dupla. Aqui tem aspas, por que será? Essas aspas tão dizendo o quê? Leia o que tá dentro dessas aspas.
210. A – 'Esperava um desastre pior'.

211. P – Por que será que tem essas aspas?
212. A – Porque podia ser pior do que eles estavam imaginando.
213. P – Leia um pouco mais. 'Esperava um desastre pior...'
214. A – "...disse o ministro da Educação, Paulo Renato Souza, ao anunciar o resultado."
215. P – Ok, por que será que essa primeira parte 'Esperava um desastre pior' está entre aspas?
216. A – Porque... pelos resultados não seria...
217. P – Quem está falando isso 'Esperava um desastre pior'?
218. A – O ministro da Educação.
219. P – Quem está falando isto é o jornalista lá da Agência Estado?
220. A – Não.
221. P – Ele está repetindo o quê?
222. A – O que o ministro disse.
223. P – O que o ministro disse. Como ele está repetindo igualzinho o ministro falou, que que ele fez? Que que ele lá, jornalista da Agência Estado, fez?
224. A – Botou uma aspas.
225. P – Usou aspas. Então essa aspa que começa em 'Esperava..." e essa que fecha aqui em pior', por que que estão usadas aí?
226. A – Porque não... porque quem tinha dito foi o ministro da educação e ele esperava...
227. P – Um desastre pior. Mas quem falou isso?
228. A – É...
229. P – O jornalista que falou isso? Foi da cabeça do jornalista que saiu isso?
230. A – Não.
231. P – Ele, o que que ele fez? Ele?
232. A – Acrescentou...
233. P – Ele está repetindo uma frase que quem disse?
234. A – O ministro da Educação.
235. P – Ele está repetindo. Como ele está repetindo igualzinho como o ministro disse, que que ele fez?
236. A – Botou aspas.
237. P – Quando você chega aqui nessas aspas você vê aspas e diz "ah, então foi alguém que disse isso". Mas aí o jornalista vem e diz pra você " 'Esperava um desastre pior', disse..."
238. A – "...o ministro da Educação, Paulo Renato Souza, ao anunciar o resultado."
239. P – Quem era o ministro da Educação nessa época?
240. A – Paulo Renato de Souza.
241. P – Ainda é ele? Não, não é ele não. Ele foi ministro quando foi Presidente da República o Fernando Henrique Cardoso.

O ministro agora, com o governo Lula, é o Haddad, tá? Então isso já indica... Fernando Haddad, tá? Isso nos mostra também que essa notícia já não é recente. Ela já tem um certo tempo, por que quem era ministro da educação então?
242. A – Paulo Renato de Souza.
243. P – Paulo Renato de Souza. Ah, agora vamos entender mais dessa notícia, que foi veiculada pela Agência Estado. Que mais que o jornalista diz?
244. A – "Em primeiro lugar ficou a Finlândia."

Em (207), a ocorrência de novas aspas no texto leva P a discutir uma nova função para esses sinais gráficos que A identifica em (208). Em (209), P mostra que ocorreram aspas duplas e aspas simples e confere se A consegue entender a função dessa convenção. Mas observa em (212) que A não percebeu por que foram usadas as aspas simples. Pede, então, a ele que avance um pouco a leitura e faz uma pergunta direta em (215). No turno seguinte, A não fornece uma resposta satisfatória. P muda de estratégia e faz uma pergunta direta, que A responde em (218). Em (219), P insiste no esclarecimento da polifonia que ocorre naquele passo do trecho. De (220) a (238), são trocados vários turnos no sentido de esclarecer quem foi o autor do enunciado. Em (239), P verifica se houve compreensão perfeita da última informação. No turno seguinte (240), A a tranquiliza fornecendo a resposta correta. P então avança no turno (241) uma informação de natureza interdisciplinar e aproveita ainda para induzir A a uma inferência: a informação veiculada não é recente. Em (244), o aluno retoma a leitura e P inicia um *round* para checar a compreensão das múltiplas informações constantes no parágrafo.

245. P – Então quantos países foram avaliados?
246. A – 32 países.
247. P – 32 países. Quem ficou em primeiro lugar?
248. A – A Finlândia.
249. P – Onde fica a Finlândia?
250. A – Fica na... Europa.
251. P – Fica na Europa sim, já já nós vamos olhar lá no mapa pra gente localizar a Finlândia. É um país pequeno, muito adiantado e fica no Norte da Europa, vamos ver agorinha mesmo. Que mais? Que mais que o jornalista informou pra nós?
252. A – "Em penúltimo, à frente do Brasil, o México."
253. P – Ficou o México, em penúltimo lugar. Então quem se saiu melhor o Brasil ou o México?
254. A – O México.

255. P – E onde fica o México?

256. A – Na... na América do Norte.

257. P – Na América do Norte, no Sul dos Estados Unidos, vamos olhar já. "Em penúltimo, à frente do Brasil, o México." Vamos ver que 32 países são esses cujos adolescentes de 15 anos fizeram esse teste. Ele dá mais informações pra nós. "Dos 32 países..."

258. A – "...29 fazem parte da Organização para Cooperação e Desenvolvimento Econômico..."

259. P – Como é que se chama essa organização?

260. A – Organização para Cooperação e Desenvolvimento Econômico.

261. P – Qual a sigla dessa organização?

262. A – OCDE.

263. P – OCDE, composta pelas... quase sempre a sigla é composta pelas iniciais. "O" de organização, C de quê?

264. A – Cooperação.

265. P – "D" de quê?

266. A – Desenvolvimento.

267. P – E "E" de quê?

268. A – Econômico.

269. P – Quem será essa organização? Onde é que fica essa organização? Vamos ver.

270. A – "...entidade que reúne nações desenvolvidas, como os Estados Unidos ou o Reino Unido, e outras nem tanto, como a Polônia e a República Checa. Também participaram Brasil, Letônia e Rússia."

271. P – Então, essa OCDE reúne quantos países?

272. A – 32.

273. P – 32. Não... o teste...32. Quantos países que fizeram o teste e são da OCDE?

274. A – 29.

275. P – 29. Todos são países ricos? Quais são países ricos, desenvolvidos, que eles estão... que o jornalista está dizendo aqui pra nós? Quais são?

276. A – Os Estados Unidos, o Reino Unido.

277. P – O Reino Unido. "E outras nações nem tanto" que quer dizer isso?

278. A – Não são muito ricos.

279. P – Que não são muito desenvolvidos. Tais como?

280. A – Polônia e República Checa.

281. P – Então vamos ver, se tinham 29 que são da OCDE... quem mais participou?

282. A – Brasil, Letônia e a Rússia.

283. P – E ao todo foram quantos?

284. A – 32.

285. P – Por quê? 29 que pertencem a OCDE e mais?

286. A – 5...

287. P – E mais?

288. A – Não, é 6...

289. P – Também participaram?

290. A – Brasil, Letônia e Rússia.

291. P – O Brasil, Letônia e Rússia também são da OCDE?

292. A – Não.

293. P – Não são. Você tem 29 da OCDE, quantos que participaram que não são da OCDE?

294. A – 3.

295. P – Então, ao todo, quantos participaram?

296. A – 32.

297. P – 32. 29 da OCDE e 3 que foram convidados para participar. Quem são eles?

298. A – Brasil, Letônia e Rússia.

299. P – Brasil você sabe onde fica? É o nosso país. Letônia, Tem ideia de onde fica?

300. A – Não.

301. P – Fica na Europa. E Rússia tem ideia de onde fica?

302. A – Tenho.

303. P – Onde?

304. A – Na Europa.

305. P – Na Europa também, certo? Então, esses três países, eles são ou não são da OCDE?

306. A – Não.

307. P – Não são. Mas os jovens de 15 anos desses países participaram do teste. Como é que chama o teste mesmo?

308. A – An... Programa Internacional de Avaliação de Alunos.

309. P – Qual é a sigla?

310. A – Pisa.

311. P – É porque Programa Internacional de Avaliação de Alunos não corresponde às iniciais porque está levando em conta o nome desse Programa em outras línguas, certo? Mas ele é conhecido como Pisa. Mas agora vamos ver um pouco mais sobre esse teste?

312. A – "... A prova foi aplicada no ano passado, envolvendo ao todo 265 mil estudantes..."

313. P – De?

314. A – "...de escolas públicas e privadas."

315. P – Então, essa prova... aqui... é... só no Brasil ou em todos esses 32 países? Vamos ver se é só no Brasil ou se é nos 32 países. Leia de novo.

316. A – "A prova foi aplicada no ano passado, envolvendo ao todo 265 mil estudantes de escolas públicas e privadas."
317. P – Esses 265 mil estudantes são do Brasil?
318. A – Eu acho que sim.
319. P – Então leia um pouco mais.
320. A – "No Brasil, participaram 4,8 mil alunos de 7ª e 8ª série do ensino fundamental e do 1º e 2º ano do ensino médio. O objetivo foi verificar o preparo escolar de adolescentes de 15 anos, tendo em vista os desafios que terão pela frente na vida adulta."
321. P – Então, quantos estudantes de 15 anos fizeram o Pisa naquele ano?
322. A – 265 mil.
323. P – Só no Brasil?
324. A – Não.
325. P – Fala firme, porque não é não. 265 mil em quantos países?
326. A – 32.
327. P – E no Brasil foram quantos?
328. A – 4,8 mil alunos.
329. P – 4,8 mil alunos é o mesmo que 4 mil e?
330. A – Oitocentos.
331. P – Muito bem, 4 mil e 800 alunos. Que é quase?
332. A – Quase...
333. P – 4 mil e 800, falta só 200 alunos pra chegar a?
334. A – 265.
335. P – Presta atenção. Como é que está escrito aí? 4,8. Você leu direitinho, 4,8 mil é o mesmo que dizer?
336. A – 4 mil e 800.
337. P – 4 mil e 800. 4 mil e 800, se tivesse mais 200 alunos seria quanto?
338. A – 200... (...) 5 mil e alguma coisa.
339. P – Tem 4 mil e 800. aí você soma mais 200 alunos e vai dar quanto?
340. A – 5 mil.
341. P – 5 mil. Qual é a dúvida? Tem 4 mil e 800 soma mais 200, 5 mil. Então foram quase 5 mil alunos no Brasil, 4 mil e 800. Mas ao todo quantos alunos foram?
342. A – 265 mil.
343. P – 265 mil e no Brasil só 4 mil e 800. Agora vamos ver quem eram esses alunos.
344. A – "No Brasil, participaram 4,8 mil alunos de 7ª e 8ª série do ensino fundamental e do 1º e 2º ano do ensino médio."
345. P – Então, esses meninos de 15 anos que fizeram o teste, em que séries eles estavam?
346. A – 7º e 8º do ensino médio e 1º e 2º ano do... Não, 7ª e 8ª do ensino fundamental, 1º e 2º ano do ensino médio.

46 Formação do professor como agente letrador

347. P – Eles foram bem no teste?

348. A – Foram.

349. P – Você acha que eles foram bem? Por que você acha que eles foram bem no teste?

350. A – Acho que eles foram mais ou menos, porque o Brasil ficou em último lugar.

351. P – Então não é mais ou menos. Eles foram muito mal no teste, porque de todos os meninos, de todos esses 32 países, os alunos brasileiros ficaram em último lugar. Então eles foram bem mal. Pra que que serve esse teste?

352. A – "O objetivo foi verificar o preparo escolar de adolescentes de 15 anos, tendo em vista os desafios que terão pela frente na vida adulta."

353. P – Então, o que que se pretende avaliar com este teste?

354. A – Verificar se eles estão preparados pros desafios da vida adulta.

355. P – Muito bem. Quais são esses desafios? Me dê um exemplo de desafios da vida adulta, que eles precisariam estar preparados para enfrentar.

356. A – Passar num concurso.

357. P – Por exemplo, passar num concurso. Que mais?

358. A – Prova do vestibular.

359. P – Passar no vestibular. Que mais?

360. A – Arrumar um bom emprego.

361. P – E nesse bom emprego eles vão precisar saber ler e compreender?

362. A – Sim.

Neste passo do protocolo, P se detém em verificar se diversas informações explícitas do texto haviam sido compreendidas. Em (246) e em (248) A mostra uma boa compreensão. De (249) a (251), P volta-se mais uma vez para o ensino incidental de natureza interdisciplinar. Em (252) e (253), P trata de uma informação também explícita, mas que poderia trazer alguma dificuldade. Faz uma pergunta direta em (253), que A responde corretamente no turno seguinte. De (258) a (268), introduz a noção de sigla. De (270) a (306), tem início uma sequência em que A demonstra dificuldade em realizar a inferência. Confunde-se com os dois números: 32 países participaram do teste. Desses, 29 são membros da OCDE. Geralmente, informações numéricas, mesmo quando simples, podem confundir o leitor noviço, que muitas vezes prefere ignorá-las na sua leitura passando-as à frente. Resolvido o impasse com uma operação de subtração e depois de mais alguns comentários interdisciplinares de P, ela focaliza outra informação explícita, em (307). Percebe uma oportunidade de checar o conhecimento recém-adquirido sobre sigla (309) – (311). Em (312), a atenção é dirigida para uma nova informação numérica explícita. Mais uma vez, A revela não ter compreendido bem a informação numérica (312) – (318). Foram necessários 7 turnos, (321) – (328), para que a fizesse a distinção entre o número total de estudantes que fizeram o Pisa no mundo e o número no Brasil. A informação é muito simples, mas a referência numérica pode ter contribuído para dificultar a compreensão de A. Em (331), P opta por avançar um pouco mais o tópico de matemática, mas só em (341) A completa o raciocínio que P procurou induzir. Em (342) e (343), tem lugar uma síntese fornecida por P, que avança para a informação seguinte. Nessa passagem até (346), A é bem-sucedido e dá respostas satisfatórias. Em (347), P apresenta uma questão que exige um raciocínio inferencial. A não processa a inferência satisfatoriamente (348). P então constrói um andaime bem específico em (349) e a sua estratégia surte um bom resultado (350). Em (351), P volta a oferecer uma síntese da informação processada e avança na recuperação de informações. Diante do silêncio de A, P sinaliza no texto a informação que ele precisa recuperar. A se vale do andaime cinésico de P e em (352) lê a informação correta. P repete. P pede então, em (353), que A forneça uma paráfrase da informação lida, o que A faz em (354). Em (355), ainda com intenção de checar a compreensão de A, P faz uma transição da generalização para exemplos mais específicos. Essa estratégia de (355) é relevante porque permite a A associar uma ideia abstrata com instâncias concretas de sua experiência de vida. De (356) a (360), A demonstra ter-se aproveitado bem da estratégia de P. No entanto, P decide aprofundar a relação de causa e consequência entre a competência leitora e o bom desempenho profissional.

363. P – Claro que vai trabalhar com o quê?
364. A – Com uma empresa de...
365. P – Uma empresa?
366. A – De sapatos.
367. P – Uma empresa de sapatos. Me dê um exemplo, então, ele está trabalhando numa empresa de sapatos. Me mostre por que ele precisaria entender bem o que ele lê.
368. A – Para... para fazer cartas...
369. P – Fazer cartas, muito bem, escrever cartas. O empresário que trabalha com sapato, esse empresário aí que você tem em mente, ele fabrica os sapatos ou ele compra sapatos de quem fabrica?
370. A – Fabrica.
371. P – Ele fabrica. Então pra fabricar sapatos o que que ele vai precisar fazer?

372. A – Tem que ler...
373. P – Você tem uma fábrica, de que que é o seu sapato?
374. A – De couro.
375. P – De couro. Pra que eles possam trabalhar os sapatos, o que que eles precisam fazer primeiro?
376. A – Arrumar ajudantes...
377. P – Contratar pessoas, comprar o couro, não é? Na hora de contratar alguém, ele precisa entender o que ele lê?
378. A – Precisa.
379. P – Por exemplo, como é que você contrata alguém?
380. A – Eu faço perguntas pra ele...
381. P – Sei.
382. A – Faço... qual o nome? Esqueci...
383. P – Você faz perguntas, ele responde e depois? Escreve alguma coisa? Faz um con-?
384. A – Contrato.
385. P – Faz um contrato. E ele vai precisar entender o que está naquele contrato? O dono da empresa?
386. A – Sim.
387. P – E se você não for dono da empresa, mas for candidato a um emprego lá nessa empresa. Você também precisar ler o que está no contrato?
388. A – Sim.
389. P – E se você não for arrumar um emprego, mas precisar alugar uma sala para uma loja pra você vender sapatos. Você vai precisar fazer contrato?
390. A – Acho que não.
391. P – Como é que você aluga uma loja?
392. A – Vou na... na loja.
393. P – Na imobiliária. E faz o quê?
394. A – Uma sala pra fazer... uma sala grande pra fazer sapatos.
395. P – "Eu preciso de uma sala grande pra fazer sapatos". Aí o que que a imobiliária dá pra você?
396. A – Um contrato.
397. P – Um contrato. Aí você precisa fazer o que com aquele contrato?
398. A – Assinar.
399. P – Sem ler?
400. A – Ler e depois assinar.
401. P – Se você ler e não entender você vai assinar?
402. A – Não.
403. P – Então você precisa ler e entender. Esses dias você foi tirar a sua carteirinha de estudante?

404. A – Não.

405. P – Já tem tempo, né? Já tem tempo. Chega lá e o que que deram pra você?

406. A – Um contrato.

407. P – Um contrato pra você... um formulário pra você preencher. Você entendeu o que estava no formulário?

408. A – Sim.

409. P – E se você não tivesse entendido o que estava no formulário?

410. A – Não prencheria.

411. P – Não poderia preencher. Aí você ia receber a carteira?

412. A – Não.

413. P – Não ia receber. Então, veja que você ainda não é um empresário. Espero que chegue a ser um empresário, vou comprar sapatos de você quando você for um empresário. Mas já agora você precisa ler textos e entender textos. Pra fazer uma prova você precisa ler o texto e entender.

De (363) a (413), os interagentes se envolvem em uma discussão que aprofunda a relação de causa e consequência já aludida e traz o texto para mais perto da experiência de vida de A. Em (366), A sugere o cenário de uma empresa de sapatos e, no turno seguinte, P é incisiva: quer que A forneça exemplos reais de práticas letradas em uma hipotética função profissional. Em (368), A avança uma ideia e P amplia o seu turno em (369) levando A a uma reconceptualização mais complexa. Em (372), observa que A ainda não foi capaz de fornecer uma resposta conclusiva. P muda de estratégia e lhe apresenta uma situação bem concreta de (373) a (386) e variantes dessa situação de (387) a (402). A intenção de P, de fato, é levar A a identificar práticas letradas, necessárias nas atividades profissionais. Dessa forma, está reforçando o tema do texto lido, ou seja, a ênfase do Pisa em avaliar habilidades relevantes na inserção do adolescente na sociedade produtiva. De (403) a (413), P recupera outra informação ligada à experiência de vida de A, mas dessa vez não é um cenário hipotético, mas sim um episódio real ocorrido poucos dias antes e de que ela tomou conhecimento. Dessa forma, A tem mais uma oportunidade de associar as habilidades de leitura com as exigências da vida prática.

414. O que que o Pisa então queria?

415. A – Verificar se eles leem e entendem.

416. P – E entendem o que leem. Qual o resultado do Pisa?

417. A – Que o Brasil ficou em último lugar.

418. P – Portanto os nossos alunos não conseguem o quê?

419. A – Um emprego bom.

420. P – Também não conseguem, mas quando eles estão lendo, o que que eles não conseguem?

421. A – Não consegue entender.

422. P – Não consegue entender, está certo. E pra gente entender veja que a gente precisa entender muitas coisas. Hoje, por exemplo, nós vimos que esse texto estava entre aspas, porque os autores do livro pegaram esses textos na...?

423. A – Universidade Federal do Amapá.

424. P – Pegaram uma prova. A Universidade, por sua vez, pegou esse texto onde?

425. A – Na internet.

426. P – Na internet. E esse jornal *O Liberal* teve acesso a essa notícia por que quem divulgou?

427. A – Agência Estado.

Neste episódio conclusivo do protocolo, P faz uma pergunta chave em (414). A palavra "então" é uma pista de contextualização que indica a A que eles vão evoluir para verbalizar o tema do texto. Em (415), A repete resposta fornecida anteriormente a qual é ampliada por P no turno seguinte. À pergunta constante de (416), A responde apenas parcialmente em (417). P então, valendo da pista contextual "portanto", procura em (418) levá-lo a verbalizar sua resposta de forma mais completa. A em (419) dá uma resposta bem reveladora de sua experiência de vida. P insiste em (420) para que A conclua o raciocínio. A partir daí, (422) – (427), todas as iniciativas de P visam à realização de uma síntese do texto lido. As principais informações são recuperadas e A desempenha-se bem nessa tarefa, demonstrando bem sua compreensão. Todo o episódio teve a duração de 1 hora e exigiu bastante esforço de ambos os interagentes. Pudemos verificar que o esforço valeu a pena, porque um texto, candidato a ser quase completamente opaco para o jovem leitor, foi todo compreendido e lhe permitiu fazer associações com suas experiências anteriores. Em outras palavras, com o auxílio da professora pesquisadora, o aluno construiu, de fato, um diálogo com o texto.

A leitura tutorial como estratégia de mediação do professor

A leitura tutorial

O objetivo deste capítulo é apresentar uma proposta de leitura tutorial como estratégia de mediação do professor. Para elaborar a referida proposta, tomaram-se como base as ideias acerca de estratégias de leitura colocadas por Isabel Solé. Considerou-se também o trabalho de compilação, adequação e adaptação de métodos e técnicas para facilitar a compreensão de textos realizado por M. Palacios[6]. Contribuíram ainda para a elaboração da citada proposta as reflexões de Rupay sobre as estratégias de compreensão leitora.

Entende-se como leitura tutorial aquela em que o professor exerce papel de mediador durante o processo de leitura e compreensão; nessa proposta, o professor deve atuar fazendo intervenções didáticas, por meio das quais interage com os alunos, a fim de conduzi-los à compreensão do texto (ver no capítulo anterior, A mediação do professor na compreensão leitora", referências sobre o trabalho pedagógico de andaimagem na mediação da leitura). A leitura tutorial é, pois, uma leitura compartilhada.

A proposta de leitura tutorial baseia-se no fato de que a leitura é uma atividade interdisciplinar, uma vez que é por meio dela que se tem acesso aos conhecimentos de todas as áreas do saber. Sendo assim, para obter sucesso na aprendizagem de quaisquer conteúdos, necessário é desenvolver habilidades para ler os textos específicos a eles relacionados. Por isso, a leitura deve ser trabalhada por profissionais de todas as áreas, principalmente se considerarmos a necessidade de serem desenvolvidas estratégias específicas para a leitura de textos que abordam conteúdos específicos.

Este trabalho parte, então, da concepção de que todo professor deve ser professor de leitura, visto que ler faz parte da aprendizagem, devendo, por isso, fazer parte de todas as atividades. No mundo em que estamos inseridos, que se encontra em constante transformação, é necessário um modelo dinâmico de aprendizagem, que possa ser capaz de contemplar não só o conhecimento, mas também a sua aplicação na vida real. Com base nesse novo contexto, constata-se que é imprescindível que a leitura esteja no centro das atividades pedagógicas. Dessa forma, a leitura, por integrar saberes e contribuir para a construção de novos saberes, tem um papel importante na escola dentro desse novo contexto. Nessa perspectiva, a leitura é a atividade elo que transforma os projetos de um professor em projetos interdisciplinares: parte-se da ótica do especialista para instaurar um espaço comum a todos, a leitura (Kleiman e Moraes, 1999).

Dada, então, a concepção de que todo professor deve ser professor de leitura e tendo em vista as especificidades que cada texto de cada disciplina apresenta, sugerimos propostas de atividades de leitura considerando estratégias determinadas e níveis de compreensão leitora[7], que serão explicitados a seguir.

Níveis de compreensão leitora

Estamos imersos em uma sociedade cada vez mais centrada na escrita. Devido a essa realidade, não é suficiente apenas aprender a ler e a escrever. É preciso que sejam desenvolvidas competências para usar a leitura e a escrita – daí surge o termo "letramento".

Ser letrado implica fazer uso competente e frequente da leitura e da escrita no dia a dia. Para tornar-se letrado, é preciso envolver-se nas práticas sociais de leitura e de escrita, ou seja, fazer uso dessas habilidades. Um indivíduo alfabetizado, que adquiriu, pois, a tecnologia de codificar em língua escrita e de decodificar a língua escrita, não é necessariamente letrado (Soares, 2003). O indivíduo letrado deve não apenas aprender a ler e a escrever, mas também apropriar-se da escrita, usar socialmente a leitura e a escrita para responder às demandas sociais.

Constata-se, pois, a forte presença da escrita em todas as práticas sociais. Britto (2007), considerando os avanços quanto ao combate ao analfabetismo, indica que o problema objetivo da realidade da cultura brasileira não é o de que determinada parcela da população não sabe ler nem escrever, mas sim estabelecer o quanto as pessoas usam a escrita e a leitura para participar da sociedade em que vivem.

Sendo assim, é preciso, então, considerar a existência de diferentes níveis de letramento. Se o letramento tem relação com a capacidade de apropriar-se da leitura e da escrita nas práticas sociais, deduz-se que não é possível dividir pessoas em dois grupos, os que sabem ler e escrever e os que não sabem. Na verdade, as pessoas, em função das relações sociais e de modo de vida, participarão da sociedade e utilizarão o conhecimento escrito de diversas formas. Nesse sentido, concorda-se com a ideia de Magda Soares de que ler é um conjunto de habilidades, comportamentos, conhecimentos que compõem um longo e complexo *continuum*. O quanto cada um sabe e usa a escrita varia muito, mas, segundo Britto (2007), pode-se postular um nível mínimo de conhecimentos e práticas desejadas para que alguém possa ser considerado inserido na vida social, apesar de não haver como fixar um padrão único (ver tabela 3 no primeiro capítulo, "Por uma pedagogia da leitura").

Considerando essa variação existente no que diz respeito a quanto cada um sabe e usa a escrita, observa-se que é tarefa da escola desenvolver atividades que propiciem que os estudantes progridam em relação ao desenvolvimento de habilidades leitoras ao longo da educação básica. Para tanto, é preciso que as escolas, ao desenvolverem seus projetos pedagógicos, considerem que um trabalho eficiente com leitura requer que sejam exploradas habilidades e competências em determinados níveis, de forma que, conforme o aluno progrida na educação básica, essas habilidades e competências possam tornar-se mais complexas.

Nesse sentido, o Programa Internacional de Avaliação de Alunos (Pisa) que tem a leitura como um dos focos, apresenta uma matriz de referência na qual se encontram descritos conhecimentos associados a habilidades que procuram contemplar os produtos dos processos desenvolvidos durante a escolarização e as transpõe em escalas e níveis de leitura, que representam níveis de letramento em leitura (ver capítulo "Matrizes de referência para a formação e o trabalho do professor como agente de letramento").

Para a elaboração das atividades sugeridas no próximo capítulo, "Aplicação da proposta de leitura tutorial como estratégia de mediação (1)", procurou-se considerar justamente a matriz de referência do Pisa, que descreve um conjunto de habilidades previstas como objeto de avaliação. Na matriz do Pisa, há conhecimentos e habilidades em leitura que requerem que sejam estabelecidas relações diferenciadas com o texto escrito, abrangendo processos de identificação de informações específicas, de compreensão, de interpretação e de reflexão. Para a elaboração da matriz, leva-se em conta ainda que os conhecimentos e as habilidades contemplados no teste devem ser distribuídos em cinco níveis de proficiência (cf. Kirsh, 2004):

a) nível 1
localizar informações explícitas em um texto, reconhecer o tema principal ou a proposta do autor, relacionar a informação de um texto de uso cotidiano com outras informações conhecidas;
b) nível 2
inferir informações em um texto, reconhecer a ideia principal de um texto, compreender relações, construir sentido e conexões entre o texto e outros conhecimentos da experiência pessoal;
c) nível 3
localizar e reconhecer relações entre informações de um texto, integrar e ordenar várias partes de um texto para identificar a ideia principal, compreender o sentido de uma palavra ou frase e construir relações, comparações, explicações ou avaliações sobre um texto;
d) nível 4
localizar e organizar informações relacionadas em um texto, inter-pretar os sentidos da linguagem em uma parte do texto, levando em conta o texto como um todo, utilizar o conhecimento para formular hipóteses ou para avaliar um texto;
e) nível 5
organizar informações contidas em um texto, inferindo a informa-ção que lhe é relevante, avaliar criticamente um texto demonstrar uma compreensão global e detalhada de um texto com conteúdo ou forma não familiar.

A proposta de leitura tutorial foi então elaborada considerando que as habilidades de leitura devem ser desenvolvidas com base na existência de diversos níveis de proficiência, conforme exemplo da matriz do Pisa. Sendo assim, nas propostas apresentadas no próximo capítulo, "Aplicação da proposta de leitura tutorial como estratégia de mediação", encontram-se desde atividades simples, relacionadas à compreensão literal do texto, até as mais complexas, relacionadas à compreensão inferencial.

Estratégias de leitura

Para atingir a compreensão de um texto, o leitor depende de seu conhecimento de mundo, do conhecimento que tem acerca de um tema específico, da familiaridade com determinado gênero. Entretanto, isso não é suficiente para chegar à compreensão de um texto. É necessário também captar os significados do texto, o que requer desde a identificação de grafemas até a realização de inferências. Para ocorrer a compreensão, o leitor deve relacionar o que traz de conhecimento prévio com a informação textual.

Observa-se, assim, quão complexa é a compreensão de textos, que, segundo Palacios (2003), requer diversas habilidades: decodificação, reconhecimento do vocabulário, utilização de conhecimentos prévios, capacidade de usar o texto para gerar novas aprendizagens.

A compreensão textual, dentre outros fatores, é produto das estratégias que o leitor utiliza para intensificar a lembrança e a compreensão do que lê, assim como para detectar e compensar os possíveis erros ou falhas de compreensão. Essas estratégias são as responsáveis pela construção de uma interpretação para o texto e, pelo fato de o leitor ser consciente do que entende e não entende, são úteis para poder resolver o problema com o qual se depara (Solé, 1998).

Os leitores competentes apresentam uma série de características bem definidas que tem estreita relação com as estratégias de compreensão. Essas características, citadas a seguir, indicam que o bom leitor tem consciência e controle do seu próprio processo de leitura (Rodriguez, 2004). São elas:

– decodifica rapidamente e automaticamente;
– utiliza seu conhecimento prévio para situar a leitura e dar-lhe sentido; assim, chega a conhecimentos novos que se integram aos esquemas já existentes;
– integra e ordena com certa facilidade as proposições dentro das orações e entre orações distintas, reorganizando a informação do texto para torná-la mais significativa;
– supervisiona sua compreensão enquanto lê;
– corrige os erros que pode ter enquanto avança na leitura, já que se dá conta deles;
– é capaz de extrair a ideia central do texto;
– é capaz de realizar um resumo da leitura;
– realiza inferências constantemente;
– gera perguntas sobre o que lê.

Na compreensão leitora, pois, interagem processos cognitivos, perceptivos e linguísticos. Ademais, deve-se destacar que a compreensão leitora apoia-se na elaboração de inferência, na compreensão da estrutura do texto e no controle da compreensão (Oakhill, 1991, apud Trindade,

2002). Um bom leitor deve ter habilidades metacognitivas que o permitam ter consciência de seu processo de compreensão, para controlá-lo.

Considerando, então, as dificuldades inerentes à compreensão leitora, surge o questionamento: como formar leitores autônomos, capazes de lidar com diversos tipos de texto com destreza, mesmo se esses textos não tiverem sido explorados no ambiente escolar? Para responder a esse questionamento, devem-se retomar as ideias de Solé (1998). Para ela, formar leitores autônomos significa formar leitores capazes de aprender a partir dos textos. Para isso, quem lê deve ser capaz de interrogar-se sobre sua própria compreensão, estabelecer relações entre o que lê e o que faz parte de seu acervo pessoal, questionar seu conhecimento e modificá-lo, estabelecer generalizações que permitam transferir o que foi aprendido para contextos diferentes. Assim, para a pesquisadora, o ensino de estratégias de compreensão contribui para dotar os alunos de recursos necessários para aprender a aprender.

Dessa forma, a elaboração da proposta de leitura tutorial toma como base a necessidade de desenvolver estratégias de compreensão leitora. Nas propostas apresentadas nos três próximos capítulos, procurou-se desenvolver atividades que envolvessem três momentos: a preparação para a leitura, a leitura propriamente dita e a avaliação da leitura. A seguir, há uma breve descrição de cada fase.

Preparando-se para a leitura do texto

Antes de iniciar a leitura, para que se alcance sucesso na atividade, podem ser desenvolvidas algumas tarefas. Sugere-se, primeiramente, estabelecer com que finalidade o texto deverá ser lido. A leitura é realizada de acordo com o objetivo que se tem diante de um texto, uma vez que os leitores reagem a um determinado texto de maneiras diversas à medida que buscam utilizar e compreender o que estão lendo (Kirsh, 2004). Por isso, antes da leitura, é importante que o professor determine os objetivos daquela leitura e esclareça para que o texto deverá ser lido. Cabe destacar que, na escola, normalmente, os objetivos mais comuns relacionados às leituras são: obter uma informação precisa; seguir instruções; obter informações de caráter geral; adquirir/ampliar conhecimentos.

É importante que os leitores saibam o motivo pelo qual eles realizarão a leitura, uma vez que, dependendo do objetivo, as estratégias aplicadas serão diferenciadas.

Além de explicitar objetivos, antes de iniciar a leitura, é relevante também ativar e/ou atualizar os conhecimentos prévios dos leitores. Para realizar essa tarefa, é preciso, primeiro, fazer um diagnóstico do que os leitores sabem acerca do tema. Com esse diagnóstico, será possível avaliar a necessidade de prestar mais informações acerca do assunto.

Os conhecimentos prévios podem determinar o êxito ou o fracasso da leitura. É a partir desses conhecimentos que o aluno terá condições de ampliar seus horizontes. Por isso, nas leituras dos textos das disciplinas específicas, precisaremos ativar e/ou atualizar os conhecimentos prévios de nossos alunos. Como fazer isso? Podemos dar alguma informação geral sobre o que se vai ler visando à atualização de conhecimentos prévios à leitura; ajudar os alunos a fixar-se em determinados aspectos do texto que possam ativar seu conhecimento prévio (título); estimular os alunos a expor o que conhecem do tema.

Outra atividade relevante antes de iniciar a leitura é a realização de previsões sobre o texto. Para ler, é preciso que o leitor aporte ao texto objetivos, ideias e experiências prévias. De acordo com Solé (1998), para isso, o leitor precisa envolver-se em um processo de previsão e inferência contínua, e em um processo que permite encontrar evidências ou rejeitar as previsões e inferências antes mencionadas.

Para fazer previsões sobre um texto, podemos recorrer a vários aspectos: formato do texto, estrutura textual, ilustrações, títulos, subtítulos. Além disso, podemos recorrer a nossa experiência e aos nossos conhecimentos prévios sobre o que esses índices textuais permitem antever. Os títulos, por exemplo, geralmente refletem o que será tratado no texto.

É também importante instigar o leitor a assumir responsabilidade perante a leitura; por isso, o aluno/leitor não deverá apenas responder ao que o professor questiona, mas deve também interrogar-se sobre o texto.

No momento da leitura

No momento da leitura, deve-se destacar a importância do professor como mediador dessa atividade. É importante frisar que, na realização da leitura, deve ser dada ao aluno a oportunidade de assumir uma postura ativa diante do texto. Por isso, a função do professor no momento da leitura deve ser a de fornecer instruções para que os próprios leitores cheguem à compreensão dos textos. Os próprios alunos devem selecionar as marcas do texto, formular hipóteses e verificá-las, enfim, construir interpretação. Os alunos devem ser os responsáveis pelo desenvolvimento de sua compreensão leitora, mas é imprescindível que o professor assuma o papel de mediador nesse exercício. Todos devem estar envolvidos nas tarefas de leitura; a leitura deve ser compartilhada.

Pode ser solicitado que o aluno faça uma leitura silenciosa para ter um contato inicial com o texto. O professor, entretanto, logo em seguida, não poderá prescindir de fazer uma leitura simultânea com os alunos. Nessa leitura simultânea, todas as dimensões do texto deverão ser apreendidas; por isso, o professor, em seu papel de mediador, deverá realizar a leitura lentamente, explorando o texto do ponto de vista sintático, semântico e pragmático. É nessa leitura simultânea que os alunos serão conduzidos ao desenvolvimento de estratégias que propiciarão a compreensão do texto.

Nessa atividade, deve haver uma preocupação com o desenvolvimento de uma compreensão daquilo que está explícito e também daquilo que está implícito no texto. Na leitura literal (compreensão do explícito), devemos recuperar informações fornecidas pelo texto e analisá-las para identificar suas principais características de caráter literal.

Na etapa de compreensão do que está explícito, é realizada uma leitura minuciosa; seguimos passo a passo o texto, nos detemos no vocabulário, nas expressões metafóricas, nos termos técnicos. Muitos fracassos na escola ocorrem devido ao desconhecimento do léxico específico de cada disciplina ou por causa da interpretação de certos vocábulos dentro de determinado contexto.

Ao realizar a leitura de um texto, o leitor não precisa apenas obter a compreensão literal; há também a necessidade de deduzir o que está implícito para que se atinja a compreensão inferencial. Nesse sentido, deve-se retomar a afirmação de Koch (2002), para quem não existem textos totalmente explícitos. Segundo a autora, o produtor do texto pressupõe conhecimentos textuais, situacionais e enciclopédicos, além de não explicitar as informações consideradas redundantes. Dessa forma, um dos fatores que indica a competência do leitor é ser capaz de preencher esses implícitos. Para que o aluno atinja a compreensão inferencial, é essencial que o professor atue como mediador, desenvolvendo estratégias para que as lacunas do texto sejam preenchidas. Somente desenvolvendo estratégias para alcançar a compreensão literal e a compreensão inferencial será possível formar leitores autônomos que sejam capazes de ler para aprender.

Após a leitura do texto

As tarefas de leitura não são finalizadas com a sua realização. Depois da leitura, aplicam-se algumas estratégias para verificar se realmente ocorreu a compreensão do texto: é o momento de avaliar a leitura. É importante ressaltar que atividades de avaliação somente devem ser realizadas após a conclusão da leitura. Essa afirmação se deve ao fato de que, muitas vezes, as atividades de leitura exploradas por professores restringem-se a avaliá-la sem que ela tenha sido realizada conjuntamente com os alunos. Por exemplo, solicitar aos alunos que leiam determinado texto em casa e que depois façam uma exposição oral do que leram é uma tarefa parcial, visto que, com a atividade sendo feita em casa, é impossível que o professor, em seu papel de mediador, crie condições para a apreensão de todas as dimensões do texto. Nesses casos, não ocorre o desenvolvimento de uma atividade de !eitura, tão somente uma conferência de que o aluno cumpriu a tarefa.

Somente a avaliação da leitura como sequência de uma leitura compartilhada permite observar de fato em que medida ocorreu a apreensão de todas as dimensões do texto.

Para verificar se realmente ocorreu a compreensão textual, pode-se solicitar que seja identificado o tema do texto (de que trata o texto?), bem como sua ideia principal (qual a ideia mais importante que o autor traz?).

Outra atividade que pode ser realizada para avaliar a leitura é a elaboração de resumos. A sugestão do resumo é importante porque possibilita que o leitor apresente as principais ideias do texto, o que só será possível se tiver sido compreendido o que foi lido. Para isso, é necessário apresentar as principais informações do texto, eliminando redundâncias e ideias secundárias. Assim, ao fazer um resumo, o leitor, além de ter de demonstrar sua compreensão acerca do que leu, precisa também colocar em prática sua capacidade de síntese.

Além disso, a elaboração de resumos envolve também o desenvolvimento de habilidades de produção de texto, já que, para resumir, é preciso tomar notas e identificar as ideias mais importantes (pode-se utilizar a estratégia de sublinhá-las); identificar ideias principais e secundárias; diferenciar conceitos relevantes de detalhes e redundâncias; expressar as ideias do texto com as próprias palavras.

Uma das atividades de avaliação de leitura que costuma ser muito recorrente é a resolução de perguntas formuladas pelo professor. Ressalta-se, entretanto, que também pode ser solicitado aos alunos que eles formulem perguntas sobre o texto que possam auxiliá-los na compreensão.

Segundo Rupay (2008), outra eficiente estratégia para verificar a compreensão do texto após sua leitura é sugerir a elaboração de organizadores gráficos, o que consiste em mostrar a informação obtida por meio da leitura de um texto visualmente. Há variadas formas de representação: mapas, redes, diagramas, quadros, mapas conceituais. De acordo com o autor, os organizadores gráficos, quando elaborados após a leitura, revelam a maneira de compreender o texto. A elaboração de organizadores gráficos é uma estratégia posterior à leitura que atende a textos contínuos, ou seja, textos compostos de sentenças, que, por sua vez, são organizadas em parágrafos[8]. Caso o texto utilizado para atividade de leitura seja, por exemplo, um gráfico, que é um texto não contínuo, será interessante propor que o conteúdo transmitido seja apresentado por meio de um texto contínuo.

CONSIDERAÇÕES FINAIS

Este capítulo teve como objetivo apresentar uma proposta de leitura mediada pelo professor. Nessa proposta, o professor deve servir como guia do aluno na leitura dos diversos textos, atuando como seu tutor (daí o termo leitura tutorial), visto que a leitura deve ser compartilhada, envolvendo tanto aquele que a direciona (professor mediador) como o aluno (também agente em todo o processo). Destaca-se ainda que seria impossível esgotar as inúmeras estratégias de compreensão leitora. Escolheram-se apenas algumas para servirem como exemplos de como podem ser desenvolvidas atividades anteriores à leitura, durante a leitura e depois da leitura. É importante ressaltar que, em todos os momentos, o professor deve trabalhar conjuntamente com os alunos, para que eles possam valer-se de modelos e, assim, adquirir habilidades para realizar leituras de modo independente, tornando-se leitores autônomos.

Aplicação da proposta de leitura tutorial como estratégia de mediação (1)

O objetivo deste e dos próximos dois capítulos é aplicar a proposta de leitura, apresentada no capítulo anterior, a textos de diversos assuntos relacionados a várias disciplinas da etapa conclusiva do ensino fundamental e do ensino médio. Neste capítulo, serão propostas atividades de leitura referentes a um texto de Biologia.

Aula de leitura de texto de Biologia.
Texto retirado de um capítulo intitulado "Das origens até os dias de hoje".

Os primeiros seres vivos: as bactérias

Acredita-se que os primeiros seres vivos eram **unicelulares,** *ou seja, apresentavam o corpo formado por uma única célula. Essa célula seria estrutural e funcionalmente muito simples, formada por uma membrana plasmática delimitando o citoplasma, no qual estava presente uma molécula de ácido nucleico, em uma região denominada* **nucleoide.**

Células assim organizadas são denominadas **células pro-carióticas** *e os organismos que as apresentam são denominados* **procariontes** *ou* **procariotos** *. Como regra geral, as células procarióticas apresentam* **parede celular** *, que é uma estrutura externa à membrana plasmática.*

Atualmente, os organismos procariontes existentes são as bactérias e as cianobactérias (algas azuis ou cianofíceas).

COMENTÁRIOS SOBRE O TEXTO E SOBRE A OBRA DA QUAL ELE FOI RETIRADO

Neste capítulo, será apresentada uma proposta de leitura tutorial para um texto de Biologia que se encontra no livro de ensino médio intitulado *Biologia*, de autoria de Sônia Lopes e Sérgio Rosso e publicado em São Paulo pela editora Saraiva, em 2005. O referido livro é um volume único no qual constam os conteúdos referentes aos três anos de ensino médio.

Bilthauer (2007), apoiando-se em análise que se encontra no Programa Nacional do Livro Didático (ensino médio) (PNLEM), indica que a referida obra *Biologia*, de Sônia Lopes e Sergio Rosso, mostra-se conceitualmente correta, com textos claros e bem redigidos (PNLEM, 2007:77-86). A pesquisadora destaca que as ilustrações, com algumas exceções, são de boa qualidade e trazem créditos, indicações de escalas e ressalvas quanto ao uso de cores-fantasia. Contudo, informa que, segundo o guia do PNLEM, a obra apresenta alguns problemas conceituais nas áreas de genética, evolução e biologia celular e molecular.

O texto utilizado neste capítulo, "Os primeiros seres vivos: as bactérias", é um subcapítulo retirado de um capítulo intitulado "Das origens até os dias de hoje".

Esse texto é curto, composto de três parágrafos informativos e nele está pressuposta a existência de conhecimentos prévios de Biologia por parte do leitor. Destaca-se o vocabulário específico pertencente à área. Para a compreensão do referido texto, seria fundamental a mediação no que diz respeito a esse vocabulário. Observa-se ainda que alguns termos estão em negrito, o que leva a crer que esses termos trazem conceitos que precisam ser trabalhados, reforçando, dessa forma, a necessidade de uma leitura tutorial para a compreensão textual.

Destaca-se, por fim, que o livro do qual foi retirado o texto foi adotado pela Secretaria de Educação do Distrito Federal para os alunos de nível médio.

PREPARANDO-SE PARA A LEITURA

Vamos partir do princípio de que o texto de Biologia trabalhado deverá ser lido com o objetivo de aprender. E o que significa isso? Significa que os alunos deverão lê-lo para ampliar seus conhecimentos a partir da leitura. Considerando esse objetivo, a leitura será lenta e repetida, para permitir a apreensão de todas as dimensões do texto. O leitor deverá interrogar-se acerca do tema que lê, estabelecer relações com o que sabe e deverá estar preparado, após a leitura, para enfrentar texto de maior complexidade sobre o tema tratado.

Estabelecido o objetivo, partimos para outro importante momento que antecede a leitura: atualização dos conhecimentos prévios. No caso do texto que está sendo trabalhado, para atualizar os conhecimentos prévios, sugere-se, primeiramente, uma leitura atenta do título: "Os primeiros seres vivos: as bactérias". A partir do título, é possível pedir que os alunos exponham o que conhecem sobre os primeiros seres vivos e sobre as bactérias. Nesse momento, o professor também pode fazer uma avaliação diagnóstica da turma em relação aos conhecimentos acerca do tema que será tratado.

Após possibilitar que os alunos explanem seus conhecimentos prévios, o professor poderá dar alguma informação geral sobre o que vai ler. Por exemplo, é possível informar que, até o século xvii, antes de se aperfeiçoar o microscópio, ignorava-se a existência desses seres minúsculos, as bactérias.

É interessante também chamar a atenção dos alunos para a relação existente entre o que vão ler e o que vivenciam; para isso, pode-se informar que as bactérias estão em toda parte e exemplificar citando a presença delas em alimentos estragados. É interessante também estabelecer relação entre as bactérias e a origem da vida, como sugere o título: o que é que as bactérias têm a ver com a origem da vida na Terra? Nesse momento, pode-se esclarecer que as evidências indicam que os primeiros seres vivos do planeta eram formas de vida microscópicas muito parecidas com as bactérias. Pode-se também informar sobre o surgimento dos primeiros seres vivos: calcula-se que esses primeiros seres vivos surgiram no planeta há aproximadamente 3,5 bilhões de anos.

Depois de atualizado o conhecimento prévio, é válido instigar o leitor a buscar no texto as respostas para as questões levantadas por meio de uma leitura atenta.

Tendo sido atualizado o conhecimento prévio, deve-se partir para a formulação de previsões/hipóteses sobre o texto: do que trata a leitura?

No caso do texto que está sendo trabalhado, para formular hipóteses acerca do que trata a leitura, uma das estratégias seria ler o título do capítulo, "Das origens até os dias de hoje", e, em seguida, o subtítulo, "Os primeiros seres vivos: as bactérias". Ao fazer uma leitura conjugada desses dois títulos, pode-se perceber que há, no primeiro, uma indicação de que será apresentada no referido capítulo uma evolução, já que a preposição "de", presente em "das origens", juntamente com a preposição "até", presente em "até os dias de hoje", indica uma marca temporal, que se inicia em determinado momento (origens) e se estende aos dias de hoje.

Ao lermos o subtítulo, "Os primeiros seres vivos: as bactérias", perceberemos que a proposta do texto é começar apresentando a origem, os primeiros seres vivos. Poderíamos então formular a seguinte hipótese: o texto trata da origem da vida; o texto trata dos primeiros seres vivos.

Após a formulação de hipóteses, vale também instigar os leitores a formularem interrogações sobre o tema. No texto em questão, o leitor pode formular as seguintes interrogações: quais são as características dos primeiros seres vivos? Quais foram os primeiros seres vivos? O que as bactérias têm a ver com os primeiros seres vivos?

No momento da leitura

No caso do texto de Biologia em análise, observa-se que muitos são os vocábulos que precisam ser esclarecidos ao longo da leitura. Mesmo que o significado dessas palavras possa ser deduzido pelo contexto, é essencial que haja por parte do professor um reforço em relação a esses termos específicos da área. Vale destacar que não há no livro do qual o texto foi retirado um glossário para que o aluno possa pesquisar, o que exige ainda mais do professor um esclarecimento sobre o vocabulário. Abaixo, estão, em ordem alfabética, os vocábulos específicos da disciplina que, ao longo da leitura, merecerão destaque e esclarecimento:

- Ácido nucleico
- Bactéria
- Célula
- Cianobactéria/cianofíceas
- Citoplasma
- Membrana plasmática
- Molécula
- Nucleoide
- Procarionte/procarioto
- Unicelular

Passemos, então, à leitura do texto que deverá ser lido frase por frase para identificar tanto o seu significado literal quanto as inferências nele presentes. Nessa leitura, os vocábulos acima destacados merecerão atenção especial, uma vez que são específicos e deverão ser esclarecidos para a compreensão global do texto.

1º Parágrafo
Acredita-se que os primeiros seres vivos eram unicelulares, ou seja, apresentavam o corpo formado por uma única célula.

A partir da leitura dessa frase, deriva-se a seguinte pergunta: qual a característica dos primeiros seres vivos? Uma possível resposta seria: os primeiros seres vivos eram unicelulares. Convém, entretanto, destacar que não é feita uma afirmação categórica de que os primeiros seres vivos seriam unicelulares, pois o uso do verbo *acreditar* logo no início nos indica que essa é uma suposição. Uma vez que estamos tratando dos primeiros seres que surgiram na Terra há mais de três bilhões de anos, não haveria como constatar suas características.

Na sequência, em seguida à apresentação da hipótese de que os primeiros seres vivos seriam provavelmente unicelulares, há uma preocupação de explicar o que são seres unicelulares. Essa explicação é introduzida pelo conectivo "ou seja". A sentença que vem após esse conectivo explica o que são seres unicelulares: aqueles que apresentam o corpo formado por uma única célula.

Esse seria o momento ideal para perguntar aos alunos se sabem o que é uma célula, já que é um conceito que norteará todo o texto e também todo o capítulo. Embora possa parecer óbvio que os alunos dominem tal conceito, é justamente nessas questões mais básicas que residem as dúvidas, o que impede a continuidade do aprendizado, principalmente se formos considerar uma aprendizagem autônoma.

De acordo com o dicionário Houaiss, célula é a unidade microscópica estrutural e funcional dos seres vivos, constituída fundamentalmente de material genético, citoplasma e membrana plasmática. Em outras palavras, célula representa a menor porção de matéria viva. Ao abordar o significado do vocábulo *célula*, vale também chamar atenção para o uso da palavra *unicelular*, que é composta pelo prefixo *uni*, que significa "um". Como curiosidade, pode-se informar que a palavra célula vem do latim, *cellula* (quarto pequeno), e que o nome descrito para designar a menor estrutura viva foi escolhido por Robert Hooke.

Sendo assim, após leitura atenta da primeira frase do texto, poderíamos assim reescrevê-la:

Supõe-se que os primeiros seres vivos apresentavam o corpo formado por uma única célula.

Seguindo a sequência do texto, temos:

Essa célula seria estrutural e funcionalmente muito simples, formada por uma membrana plasmática delimitando o citoplasma, no qual estava presente uma molécula de ácido nucleico, em uma região denominada nucleoide.

O início desse trecho refere-se a algo já apresentado anteriormente. A frase anterior explica que seres unicelulares apresentam o corpo formado por uma única célula, e a frase seguinte começa com "essa célula". Recuperando, então, a informação anterior, teríamos a seguinte leitura: "essa célula [que forma o corpo dos seres unicelulares] seria..." Veja como é importante esclarecer a relação que existe entre as ideias para estabelecer a compreensão leitora.

Destaca-se que a grande questão subjacente a esse trecho é: qual a característica da célula que forma o corpo dos seres unicelulares? O leitor, entretanto, só conseguirá chegar a essa questão se estabelecer a relação entre as informações apresentadas nas duas frases.

Outro ponto que merece atenção é o uso do tempo verbal, *essa célula seria* (...). Nesse caso, o verbo está no futuro do pretérito, que é um tempo relacionado à noção de hipótese, de incerteza. O uso dessa forma verbal está coerente com a forma como o texto inicia, que indica uma suposição: *acredita-se que* (...).

Como o foco desse fragmento é apresentar as características da célula que compõe o corpo dos unicelulares, devemos nos deter nisso em nossa leitura. A primeira informação dada sobre essa célula é a de que ela *seria estrutural e funcionalmente muito simples*. É importante esclarecer na leitura compartilhada que esse trecho do texto indica que provavelmente a estrutura dessa célula seria muito simples; na sequência, é apresentada a estrutura de tal célula: *formada por uma membrana plasmática delimitando o citoplasma, no qual* [no citoplasma] *estava presente uma molécula de ácido nucleico*. Logo, pode-se inferir que as células formadas por tal estrutura são consideradas simples.

Para compreender a estrutura dessa célula simples, o leitor deverá também compreender várias palavras que pertencem ao vocabulário específico da Biologia. Por exemplo, de acordo com o texto, essa célula simples é "formada por *uma membrana plasmática* delimitando o *citoplasma*", o que seria, então, a membrana plasmática? E o citoplasma? É importante destacar que a membrana plasmática tem como papel delimitar a célula, já que tudo que existe precisa ser separado de seu meio exterior por um envoltório. Uma casa, por exemplo, é separada de seu meio externo pelas paredes, pelo chão, pelo teto. Dessa forma, a membrana plasmática estabelece limites, delimita o citoplasma, que é o espaço intracelular. Ainda conforme o texto, no citoplasma, encontra-se o ácido nucleico, molécula longa e complexa de elevado peso molecular responsável pelo material genético; essa molécula concentra-se em uma região denominada nucleoide. Sem uma explicação mais detida sobre esses termos, dificilmente haverá a compreensão acerca da estrutura dessa célula simples que compõe os seres unicelulares, o que prejudicará a compreensão do texto como um todo e a apreensão do conteúdo.

Depois da leitura detida, podemos assim reescrever a frase:

A célula que forma o corpo dos seres unicelulares seria muito simples, formada por uma membrana plasmática delimitando o citoplasma, no qual estava presente uma molécula de ácido nucleico.

2º Parágrafo

Células assim organizadas são denominadas células procarióticas e os organismos que as apresentam são denominados procariontes ou procariotos.

O segundo parágrafo inicia-se retomando a informação fornecida no primeiro, uma vez que se refere à célula já apresentada anteriormente. Então, ao lermos a palavra "células" no início do segundo parágrafo, temos de associá-la ao que já foi exposto: células [que formam o corpo dos seres unicelulares e que são simples.] Deve-se destacar também o advérbio "assim". Tal conectivo refere-se ao modo de organização dessas células, o que foi apresentado no final do segundo parágrafo [*formada por uma membrana plasmática delimitando o citoplasma, no qual estava presente uma molécula de ácido nucleico.*] Conclui-se, a partir daí, que células procarióticas são aquelas formadas por uma membrana plasmática delimitando o citoplasma, no qual está presente uma molécula de ácido nucleico.

Na sequência do texto temos: *e os organismos que as apresentam são denominados procariontes ou procariotos.* Nesse fragmento deve ficar bem claro que o termo anafórico (que retoma ideias anteriores) "as" refere-se à expressão "células procarióticas", apresentada anteriormente.

Nessa oportunidade, seria também relevante explicar o significado de células procarióticas. De acordo com o dicionário Houaiss, são aquelas em que o material genético localiza-se no citoplasma, e não no interior de um núcleo delimitado, e os seres procariotos seriam aqueles desprovidos de núcleo celular envolvido por membrana. Interessante seria trazer à tona a etimologia da palavra procarionte, que vem do grego. *Pro* significa antes, e *Karyon,* núcleo.

Após uma leitura detida, a frase pode ser reescrita da seguinte forma:

Células formadas por uma membrana plasmática delimitando o citoplasma, no qual está presente uma molécula de ácido nucleico, são denominadas procarióticas, e os organismos que apresentam essas células são denominados procariotos.

Ainda no segundo parágrafo, temos a seguinte frase:

Como regra geral, as células procarióticas apresentam parede celular, que é uma estrutura externa à membrana plasmática.

O início desse trecho nos indica que será apresentada uma característica geral, ou seja, uma característica presente em todas as células procarióticas. Anteriormente já havia sido esclarecido o que são células procarióticas [*formadas por uma membrana plasmática delimitando o citoplasma, no qual está presente uma molécula de ácido nucleico.*] A característica geral das células procarióticas é a parede celular. Destaca-se que, em seguida à expressão "parede celular", encontra-se o pronome relativo "que". Esse pronome retoma o termo imediatamente anterior, que é parede celular. Assim, a afirmação que vem depois do "que" é uma explicação sobre o termo anterior, parede celular. Conclui-se, então, que a parede celular é uma estrutura externa à membrana plasmática.

Depois de leitura minuciosa, podemos reescrever a frase:

As células procarióticas [formadas por uma membrana plasmática delimitando o citoplasma, no qual está presente uma molécula de ácido nucleico] apresentam parede celular como regra geral. A parede celular é uma estrutura externa à membrana plasmática.

3º Parágrafo
Atualmente, os organismos procariontes existentes são as bactérias e as cianobactérias (algas azuis ou cianofíceas).

O último parágrafo inicia-se com o advérbio de tempo "atualmente", que é extremamente importante para a compreensão global do texto, uma vez que, nos dois primeiros parágrafos, foram apresentados os primeiros seres vivos e suas prováveis características: unicelulares, organismos denominados procariontes. Já no último parágrafo, temos a informação de quais seres existentes hoje são procariontes, ou seja, apresentam as mesmas características que provavelmente apresentavam os primeiros seres vivos. São citados dois organismos procariontes hoje existentes: bactérias e cianobactérias.

Deve-se observar que o texto nos conduziu a uma semelhança entre as bactérias e os primeiros seres vivos. Para destacar essa semelhança, poderia ser apresentado o significado da palavra bactéria no dicionário: microrganismo unicelular procariota, de vida livre ou parasita, que ocorre sob várias formas (cf. Houaiss). Vale também esclarecer o que são cianobactérias, que são bactérias fotossintéticas. "Ciano" vem do grego e é usado para indicar substâncias de cor azul. Há várias palavras em português que começam com "ciano": cianocéfalo (que tem cabeça azul); cianose (coloração azul da pele devido à falta de oxigenação); cianótico (que sofre cianose).

Depois da leitura, podemos assim reescrever o último parágrafo:

Atualmente, os organismos procariontes existentes [cujas células são formadas por uma membrana plasmática delimitando o citoplasma no qual está presente uma molécula de ácido nucleico, além de apresentarem parede celular como estrutura externa à membrana plasmática] são as bactérias e as cianobactérias.

APÓS A LEITURA DO TEXTO

Após a leitura do texto, uma das atividades que pode ser realizada é a identificação do tema (de que trata o texto?). Nesse momento, é possível relacionar as previsões e hipóteses lançadas anteriormente à leitura com as respostas dadas após a leitura. No nosso exemplo, podemos considerar que o texto trata dos primeiros seres vivos e de suas possíveis características: unicelulares formados por uma célula simples. O título já nos dá indicação de que o texto trataria dos primeiros seres vivos.

Depois de identificado o tema, pode-se solicitar que os alunos identifiquem a ideia principal do texto (qual a ideia mais importante que o autor traz no texto?). O texto traz como ideia mais importante sobre o tema a hipótese de que os primeiros seres vivos seriam unicelulares, denominados procariontes devido à organização de sua célula. Vale destacar também a relação que se estabelece entre os primeiros seres vivos, procariontes, e as bactérias, organismos procariontes existentes atualmente. Pode-se concluir que os primeiros seres vivos eram microrganismos semelhantes às bactérias.

Outra atividade que pode ser realizada após a leitura desse texto é a elaboração de resumos. Eis uma sugestão de resumo para o referido texto:

Provavelmente, os primeiros seres vivos apresentavam o corpo formado por uma única célula muito simples denominada procariótica, que apresenta, como regra geral, parede celular. Os organismos formados pela célula procariótica são os procariontes; hoje os procariontes existentes são as bactérias e as cianobactérias.

A formulação e a resolução de perguntas também são atividades que podem ser desenvolvidas. Nesse momento, deve-se procurar responder às perguntas lançadas antes da leitura, a saber: quais as características dos primeiros seres vivos? Quais foram os primeiros seres vivos? O que as bactérias têm a ver com os primeiros seres vivos?

Os organizadores gráficos podem ser propostos como atividade após a leitura do texto em questão. Para esse texto, poderia ser sugerida a elaboração de um mapa conceitual, que é organizado em hierarquia de conceitos.

Aplicação da proposta de leitura tutorial como estratégia de mediação (2)

O objetivo deste capítulo é aplicar a um texto de História a proposta de leitura apresentada no capítulo "A leitura tutorial como estratégia de mediação do professor".

Aula de leitura de texto de História
Texto: Cafundó

> *O Cafundó é um bairro situado no município de Salto de Pirapora, a 150 km de São Paulo. Sua população, predominantemente negra, divide-se em duas parentelas: a dos Almeida Caetano e a dos Pires Pedroso. Cerca de oitenta pessoas vivem no bairro. Dessas, apenas nove detêm o título de proprietários legais dos 7,75 alqueires de terra que constituem a extensão do Cafundó, que foram doados a dois escravos, ancestrais de seus habitantes atuais, pelo antigo senhor e fazendeiro, pouco antes da Abolição, em 1888. Nessas terras, plantam milho, feijão e mandioca e criam galinhas e porcos. Tudo em pequena escala. Sua língua materna é o português, uma variação regional que, sob muitos aspectos, poderia ser identificada como dialeto caipira. Usam um léxico de origem banto, quimbundo principalmente, cujo papel social é, sobretudo, de representá-los como africanos no Brasil.*

> Disponível em: http://www.revista.iphan.gov.br.
> Acesso em 06 de abril de 2009 (adaptado)

COMENTÁRIOS SOBRE O TEXTO

O texto discutido neste capítulo consta na primeira versão da prova de Ciências Humanas e suas Tecnologias do Exame Nacional de ensino médio (ENEM), de 2009, que foi disponibilizada no site do Ministério da Educação (MEC) para ser utilizada como simulado[9].

O texto acima foi retirado da revista *Patrimônio*, que é resultado de uma parceria entre o Laboratório de Estudos Avançados em Jornalismo da Universidade Estadual de Campinas (Labjor/Unicamp) e o Instituto do Patrimônio Histórico e Artístico Nacional (Iphan). Os objetivos dessa publicação são: divulgar o patrimônio artístico e cultural brasileiro; refletir e debater a importância da história e da memória para a identidade nacional; e noticiar os trabalhos e ações do Iphan em favor do patrimônio cultural brasileiro.

"Cafundó" divulga o patrimônio cultural brasileiro, visto que trata de um bairro rural situado no interior de São Paulo tem grande importância para a preservação da memória e da identidade nacional. A relevância desse bairro, segundo o texto, dá-se pelo fato de que a extensão de terra de Cafundó é de propriedade de descendentes que receberam essa terra como doação do antigo proprietário pouco antes da abolição. Esses habitantes, ainda hoje, mantêm características que preservam sua identidade cultural.

Cabe apontar ainda que o texto é do tipo informativo, com muitas informações históricas, além de apresentar dados numéricos que requerem certas habilidades para sua compreensão. Há ainda que se destacar o vocabulário utilizado, que é específico dos textos de História, bem como a utilização de alguns conceitos específicos (língua materna, variação regional, dialeto caipira).

PREPARANDO-SE PARA A LEITURA

A primeira tarefa antes de iniciar a leitura, a exemplo da aula anterior, deve ser a determinação de objetivos. Partiremos do princípio de que o texto de História deste capítulo será lido com o objetivo de adquirir informações.

Para atualizar os conhecimentos prévios, com o objetivo de auxiliar na leitura do texto, sugere-se, primeiramente, uma leitura da fonte: revista Iphan. Considerando que o texto foi retirado dessa revista eletrônica, recomenda-se que o professor questione aos alunos se eles já ouviram falar desse órgão. Nesse momento, é possível que os estudantes associem o nome do referido órgão a alguma cidade tombada, por exemplo. Caso não haja o conhecimento do grupo em relação ao Iphan, deve ser feito um esclarecimento sobre o significado da sigla – Instituto do Patrimônio Histórico e Artístico Nacional. É relevante também informar que o Iphan é um órgão do Ministério da Cultura, que tem como objetivo proteger o patrimônio histórico e artístico nacional. Para enriquecer ainda mais e ampliar os conhecimentos prévios, podem ser apresentados aos alunos exemplos do patrimônio material e imaterial[10], destacando-se o patrimônio da região em que se está inserido.

Após expandir os conhecimentos dos alunos a partir da fonte da qual o texto foi retirado, o professor deverá estabelecer uma relação entre as informações apresentadas acerca do Iphan e o assunto do texto. Deve-se esclarecer que, se o texto foi retirado dessa revista, ele traz assuntos afetos a esse órgão. Logo, o texto tem como temática algo relacionado ao patrimônio histórico e artístico nacional.

Vale também chamar a atenção dos alunos para a relação existente entre o que vão ler e o que vivenciam, ou seja, se o texto traz algo sobre patrimônio histórico e artístico nacional, deve-se perguntar aos estudantes se conhecem algum patrimônio material e imaterial que pertença à região em que vivem.

Para formular hipóteses acerca do que trata a leitura, uma das estratégias seria ler a fonte e, em seguida, fazer uma leitura do primeiro período do texto. Ao fazer essa leitura conjugada, pode-se perceber que o texto retirado da revista do Iphan, órgão responsável pela proteção do patrimônio histórico e artístico brasileiro, inicia-se apresentando a região de Cafundó, que é um bairro rural localizado no interior de São Paulo. A partir dessa leitura conjugada, poderíamos então formular a seguinte hipótese: o texto trata da região de Cafundó, que pode ser patrimônio histórico ou artístico do Brasil.

No texto em questão, o leitor pode ainda formular a seguinte interrogação: O que há em Cafundó para que a revista do Iphan divulgasse uma matéria sobre a região?

No momento da leitura

No caso do texto em análise, observa-se que há vocábulos que pertencem a um mesmo campo semântico e que merecem ser esclarecidos, que é o caso de "parentela" e "ancestrais". Pode-se considerar que esses dois vocábulos pertencem ao campo semântico de "família": "parentela" significa ser da mesma cultura, do mesmo costume, da mesma linguagem; já "ancestrais" é o mesmo que antepassados. Esses esclarecimentos são importantes no momento da leitura, pois permitirão que os alunos façam as conexões necessárias para chegarem à compreensão de que, atualmente, as duas parentelas existentes em Cafundó originam-se exatamente de dois ancestrais e preservam sua cultura, seus costumes, sua linguagem.

Além do esclarecimento desses vocábulos, o professor, durante a leitura acompanhada, deverá atentar para as informações geográficas, históricas, numéricas e linguísticas a serem esclarecidas. No quadro a seguir estão as informações relevantes que merecerão destaque no momento da leitura tutorial:

Informações geográficas	Informações históricas	Informações linguísticas	Informações numéricas
Bairro rural	Pouco antes da abolição, em 1888	Língua materna	150 km de São Paulo
Município de Salto de Pirapora		Variação regional	7,75 alqueires
		Dialeto caipira	
		Léxico de origem banto, quimbundo	

Passemos, então, à leitura do texto, que deverá ser lido frase por frase. Nessa leitura, as informações acima destacadas merecerão atenção especial, uma vez que deverão ser esclarecidas para a compreensão global do texto.

O Cafundó é um bairro rural situado no município de Salto de Pirapora, a 150 km de São Paulo.

Essa primeira frase nos traz o assunto do texto, que é o bairro de Cafundó, juntamente com seus habitantes. Logo na abertura, já fica esclarecido que Cafundó é um bairro rural. Além disso, a localização do referido bairro também é apresentada ("situado no município de Salto de Pirapora, a 150 km de São Paulo"). Deve-se destacar que a localização de Cafundó é especificada por meio de duas informações: 1) situado no município de Salto de Pirapora; 2) a 150 km de São Paulo.

Uma informação subentendida é a de que Salto de Pirapora está no estado de São Paulo. Na verdade, o texto não diz expressamente isso, mas leva o leitor a esse entendimento, uma vez que apresenta como localização de Cafundó o município e a distância em que o bairro fica da cidade de São Paulo.

Logo no início da leitura tutorial, o professor deve destacar o significado da palavra "cafundó". No Brasil, essa palavra é sinônimo de lugar muito distante, de difícil acesso.

Outro esclarecimento que deve ser dado é que um bairro rural é aquele que se situa na zona rural. Para caracterizar a zona rural, podem ser citadas particularidades de sua economia. No meio rural, há, principalmente, a produção agropecuária, e todas as outras características observadas no campo estariam vinculadas a essa atividade econômica.

Vale também destacar o estado em que se encontra Cafundó: São Paulo. O bairro fica na região sudeste de São Paulo, no município denominado Salto de Pirapora. Interessante seria se, nesse momento, fosse mostrado o mapa do estado de São Paulo para situar o município mencionado anteriormente. Além disso, algumas informações sobre Salto de Pirapora podem ser fornecidas: fica a 122 km de São Paulo, tem aproximadamente 40 mil habitantes e é banhado pelo rio Pirapora.

Sendo assim, após leitura atenta da primeira frase do texto, para expressar a relação existente entre as informações e dar conta de seu sentido literal, poderíamos assim reescrevê-la:

O Cafundó é um bairro rural situado no município de Pirapora e está a 150 km de São Paulo.

Seguindo a sequência do texto, temos:

Sua população, predominantemente negra, divide-se em duas parentelas: a dos Almeida Caetano e a dos Pires Pedroso.

O início desse trecho refere-se a algo já apresentado anteriormente. A frase anterior traz informações sobre Cafundó: explicita que Cafundó é um bairro rural e indica a localização desse bairro. Na sequência, temos, no início da frase que se acaba de transcrever, a expressão "sua população". O pronome "sua" é anafórico e refere-se à população de algum lugar específico, que foi apresentado anteriormente, Cafundó. Sendo assim, a frase em questão traz informações sobre a população de Cafundó.

Duas informações importantes sobre a população de Cafundó são apresentadas: ela é predominantemente negra e se divide em duas parentelas. Nesse momento, cabe a explicitação do significado da palavra "parentela".

Observe-se que, logo após a expressão "duas parentelas", há um sinal de pontuação: dois pontos. Os dois pontos foram usados para iniciar uma enumeração; assim, a informação que vem depois desse sinal de pontuação diz respeito às duas parentelas que se encontram em Cafundó: Almeida Caetano e Pires Pedroso. Ressalta-se ainda que, depois dos dois pontos, há a omissão da palavra parentela.

Depois da leitura detida, podemos assim reescrever a frase:

A população de Cafundó é predominantemente negra e se divide em duas parentelas: a parentela dos Almeida Caetano e a dos Pires Pedroso.

Continuando o texto, temos:

Cerca de oitenta pessoas vivem no bairro.

Essa frase continua a fornecer informações sobre Cafundó, dando sequência à temática da frase anterior: população, que trouxe a informação de que a população de Cafundó é predominantemente negra e pertence a duas parentelas.

Nessa frase, temos o quantitativo de pessoas que vivem no bairro. Seria interessante se o professor buscasse, juntamente com os alunos, a población do bairro em que se encontram, ou da cidade em que moram, para comparar com a população reduzida de Cafundó.

Destaque-se ainda que é utilizada a expressão "no bairro" substituindo o nome Cafundó.

Após uma leitura detida, a frase pode ser reescrita da seguinte forma:

Cerca de 80 pessoas vivem em Cafundó.

Dando prosseguimento, temos a seguinte frase:

Dessas, apenas nove detêm o título de proprietários legais dos 7,75 alqueires de terra que constituem a extensão de Cafundó, que foram doados a dois escravos, ancestrais de seus habitantes atuais, pelo antigo senhor e fazendeiro, pouco antes da Abolição, em 1888.

Esse é um dos maiores períodos do texto e, por isso, deve ser trabalhado cuidadosamente na leitura tutorial. O período inicia-se com um pronome demonstrativo: *dessas*. O referido pronome retoma um termo apresentado anteriormente. Por isso, será preciso voltar à frase anterior: *Cerca de oitenta pessoas vivem no bairro.* O pronome "dessas" refere-se, então, às pessoas que vivem em Cafundó. Conclui-se, pois, que o período prestará mais informações sobre a população de Cafundó.

A primeira informação desse período é que, dentre as 80 pessoas que vivem em Cafundó, apenas 9 são proprietárias legais dos alqueires de terra que constituem a sua extensão. Registra-se que a extensão de Cafundó é composta de 7,75 alqueires.

A segunda informação do período acima nos fornece um dado histórico acerca de Cafundó: os alqueires de terra que constituem o bairro foram doados a escravos pouco antes da abolição, em 1888, pelo antigo senhor fazendeiro. Nesse trecho, é bom retomar algumas questões históricas referentes ao final do século XIX, período em que ocorreu a abolição da escravatura. Poder-se-ia, por exemplo, fazer um breve painel social, político e econômico do Brasil nesse momento.

Outra informação que merece ser destacada é que os atuais habitantes são descendentes dos escravos que receberam os alqueires de terra antes da abolição.

Depois de leitura minuciosa, podemos reescrever a frase:

Das 80 pessoas que vivem em Cafundó, apenas nove detêm o título de proprietários legais dos 7,75 alqueires de terra que constituem a extensão de Cafundó. Esses alqueires foram doados a dois escravos pelo antigo senhor e fazendeiro, pouco antes da Abolição, em 1888. Esses escravos que receberam as terras são ancestrais dos atuais habitantes de Cafundó.

Dando continuidade ao texto, vamos para o próximo período.

Nessas terras, plantam milho, feijão e mandioca e criam galinhas e porcos.

Esse período inicia-se fazendo referência à temática trazida anteriormente: as terras que constituem a extensão de Cafundó. No período anterior, foram fornecidas informações acerca da extensão dessas terras e sobre o seu histórico. Em seguida, no período que está em destaque, é fornecida a informação de como os habitantes de Cafundó exploram essas terras para a sua sobrevivência.

Dessa forma, observa-se que a terra é utilizada para plantação e também para criação de animais. Plantam-se milho, feijão e mandioca. Criam-se galinhas e porcos. Com base nessa informação, pode-se fazer uma reflexão com a turma sobre a agricultura de subsistência.

Depois da leitura, podemos assim reescrever o período:

Nos 7,75 alqueires de terra que constituem a extensão de Cafundó, os moradores plantam milho, feijão e mandioca e criam galinhas e porcos.

Na sequência, temos o seguinte período:

Tudo em pequena escala.

Esse período inicia-se com o pronome indefinido "tudo", que é utilizado como pronome substantivo, ou seja, ele substitui nomes. Ressalta-se ainda que o pronome indefinido refere-se a pessoas ou coisas de modo vago. As suas características reforçam a necessidade de que, na leitura, nós nos voltemos para o período anterior. Ora, se o indefinido é usado como pronome substantivo, ele está substituindo nomes anteriormente apresentados. Sendo assim, é preciso retomar a informação anterior.

No período anterior, informou-se que os habitantes de Cafundó plantam milho, feijão e mandioca e criam galinhas e porcos. Em seguida, inicia-se um novo período que começa com o pronome indefinido "tudo". Dessa forma, esse pronome retoma exatamente as informações mais importantes anteriormente apresentadas: plantação e criação de animais. Assim, se fôssemos substituir o pronome "tudo" pelos substantivos que ele está substituindo, teríamos o período assim escrito: *A plantação de milho, feijão e mandioca e a criação de animais ocorrem em pequena escala.*

Nesse período, ocorre a omissão do verbo, o que pode exigir uma mediação do professor para que o aluno-leitor complete o vazio e tenha uma compreensão global do período dentro do texto.

A informação de que a plantação e a criação ocorrem em pequena escala reforça a ideia de que os habitantes de Cafundó praticam a agricultura de subsistência, que é um sistema de produção que visa à sobrevivência do agricultor e de sua família. Nesse momento, pode-se lembrar à turma algumas características da agricultura de sobrevivência: caracteriza-se pela utilização de recursos técnicos pouco desenvolvidos; a produção é baixa; é geralmente aplicada em pequenas propriedades rurais; a produção nessas propriedades é, na maioria das vezes, de hortaliças, arroz, feijão, batata, mandioca e milho.

Para tornar as informações mais explícitas, o período pode ser assim reescrito:

A plantação de milho, feijão e mandioca e a criação de porcos e galinhas são feitas em pequena escala pelos habitantes de Cafundó.

Em seguida, está o período que trata da língua materna dos habitantes:

Sua língua materna é o português, uma variação regional que, sob muitos aspectos, poderia ser identificada como dialeto caipira.

Esse período inicia-se com o pronome possessivo "sua", que acompanha a expressão "língua materna". Sendo assim, a primeira informação dada é sobre a língua materna de alguém. Esse alguém terá de ser retomado nos períodos anteriores, que indicam o que os moradores de Cafundó plantam e criam nessas terras. Conclui-se, então, que está se falando dos habitantes de Cafundó. Aliás, todo o texto tem esses habitantes como temática. O uso do pronome possessivo é um mecanismo de coesão; esse pronome relaciona a informação que será apresentada ao que já foi apresentado. Dessa forma, esse período tratará da língua materna dos habitantes de Cafundó. É importante esclarecer à turma que língua materna é a primeira língua que uma criança aprende. Nesse momento, pode também ser destacado que, dependendo das condições e do lugar em que a criança nasce, é possível que ela aprenda, ao mesmo tempo, com as pessoas com quem convive, duas línguas diferentes (bilinguismo).

O período, então, informa que a língua materna dos habitantes de Cafundó é o português. Dando continuidade à leitura, observa-se que essa informação tem alguns desdobramentos: a língua materna dos habitantes é uma variação regional do português, identificada como dialeto caipira. Nesse momento, é importante explorar o conceito de variação linguística, reforçando com os estudantes que a língua não é usada de modo homogêneo por todos os seus falantes; sendo assim, seu uso varia de época para época, de região para região, de classe social para classe social, e assim por diante. Dependendo da situação, uma mesma pessoa pode usar diferentes variedades de uma só forma da língua. Deve-se demonstrar para a turma que a língua portuguesa, como todas as línguas do mundo, não se apresenta de maneira uniforme em todo o território brasileiro. Dessa forma, os habitantes de Cafundó utilizam uma determinada variedade regional, o dialeto caipira.

Após a leitura do período, pode-se reescrevê-lo, explicitando algumas informações, da seguinte maneira:

A língua materna dos habitantes de Cafundó é o português. Esses habitantes utilizam uma variação regional do português que poderia ser identificada como dialeto caipira.

E, finalmente, o último período:

> *Usam um léxico de origem banto, quimbundo principalmente, cujo papel social é, sobretudo, de representá-los como africanos no Brasil.*

Observa-se que o período nos apresenta duas informações específicas sobre o falar dos moradores de Cafundó: usam léxico banto e esse léxico tem como papel social representá-los como africanos no Brasil.

O último período inicia-se com o verbo "usar" na terceira pessoa do plural (*usam*). O sujeito desse verbo está oculto no período e, por isso, é preciso retomá-lo nos períodos anteriores. Retomando informações anteriores, conclui-se que os habitantes de Cafundó usam um léxico de origem banto. Assim, para compreender a primeira informação do período, é necessário retomar mais uma vez dados anteriormente apresentados.

Além de retomar dados anteriores, será preciso também que o professor faça uma eficiente mediação no que diz respeito ao vocabulário para auxiliar o aluno. A primeira palavra que deverá ser esclarecida é "léxico". Léxico é o mesmo que vocabulário. O texto, então, informa que os habitantes de Cafundó utilizam palavras de origem banto. Nesse fragmento, há a necessidade de esclarecer as palavras "banto" e "quimbundo". Banto é um grande conjunto de línguas faladas na África, e quimbundo é uma dessas línguas que pertence ao grupo banto, falada em Angola principalmente. Com esses esclarecimentos, é possível concluir que os habitantes de Cafundó usam um léxico de origem africana. Essa informação deve ser associada ao dado anterior que informa que a extensão de terra de Cafundó foi doada por um antigo senhor e fazendeiro, antes da abolição, a escravos. Logo, conclui-se que os atuais moradores, descendentes de escravos vindos da África, mantêm traços de sua identidade por meio da manutenção de palavras de origem africana.

A segunda informação do texto é acerca do papel social da utilização do léxico banto: representar os habitantes de Cafundó como africanos no Brasil. Nesse momento, é recomendável fazer reflexões sobre o papel social do léxico africano em Cafundó. O uso efetivo do léxico africano vem diminuindo, mantendo-se apenas na comunicação de alguns adultos. As crianças, hoje, aprendem alguns vocábulos. Para os cafundoenses, a mais importante função da "língua" é a de código secreto, restrito a membros da comunidade. Dessa forma, os falantes se distinguem como descendentes de africanos, superiores a toda degradação social e econômica de que são vítimas (Vogt & Fry, 1996).

Após a leitura do texto

Após ler o texto, deve-se solicitar que seja identificado o tema. O texto trata de Cafundó, um bairro rural situado no município de Salto de Pirapora, em São Paulo, e de seus habitantes. A leitura dos dois primeiros períodos já indica o seu tema.

Ao final da leitura, também é possível identificar a ideia principal. A principal informação do texto é sobre a origem dos habitantes de Cafundó, descendentes de escravos, e sobre como esses habitantes hoje vivem na região.

Além das duas atividades principais realizadas após a leitura, que é identificar o tema e a ideia principal, é possível solicitar a elaboração de resumo. Eis uma sugestão de resumo para o texto de Cafundó:

> *Cafundó, bairro rural situado em Salto de Pirapora/SP, tem uma população predominantemente negra, descendente de escravos. Os moradores, cuja língua materna é o português, plantam milho, feijão e mandioca e criam galinhas e porcos. Destaca-se ainda que os habitantes de Cafundó utilizam um léxico de origem banto, que os representa como africanos no Brasil.*

Podem também ser formuladas algumas perguntas sobre o texto. Considerando que o texto trata de Cafundó e de seus habitantes, algumas questões podem ser lançadas, por exemplo: qual a localização de Cafundó? Qual a principal característica de Cafundó apresentada no texto? Quem são os moradores de Cafundó? Quais são as atividades econômicas desenvolvidas pelos habitantes da região? Quais as características da língua falada pelos moradores de Cafundó? A resolução dessas perguntas conduz o leitor às principais informações apresentadas no texto.

Como sugestão de atividade após a leitura há também os organizadores gráficos. Para o texto em referência, sugere-se a elaboração de um quadro que apresente as características de Cafundó e de seus habitantes, conforme exemplo abaixo.

Cafundó	Habitantes de Cafundó
1 – Bairro rural	1 – Predominantemente negros
2 – Situa-se no município de Salto de Pirapora/SP	2 – Dividem-se em duas parentelas: Almeida Caetano e Pires Pedroso
3 – População predominantemente negra; cerca de 80 pessoas vivem no bairro	3 – Plantam milho, feijão e mandioca.
4 – Extensão de terra de 7,75 alqueires	4 – Criam porcos e galinhas.
5 – Terra doada antes da abolição a dois escravos, ancestrais dos atuais habitantes	5 – Têm o português como língua materna e usam o léxico banto, quimbundo principalmente.

Aplicação da proposta de leitura tutorial como estratégia de mediação (3)

O objetivo deste capítulo é aplicar a textos contínuos e não contínuos de Geografia a proposta de leitura apresentada no capítulo "A leitura tutorial como estratégia de mediação do professor".

Aula de leitura de texto de Geografia

Textos: Lago Chade: mudanças de nível; Arte rupestre do Saara e mudança da fauna

A figura 1 mostra as mudanças de nível do Lago Chade, na região do Saara, no norte da África. O Lago Chade desapareceu completamente por volta de 20000 a.C., durante o último Período Glacial. Por volta de 11000 a.C. o lago reapareceu. Hoje, seu nível é quase o mesmo que era em 1000 d.C.

A figura 2 mostra a pintura rupestre do Saara e a mudança de padrões da fauna.[11]

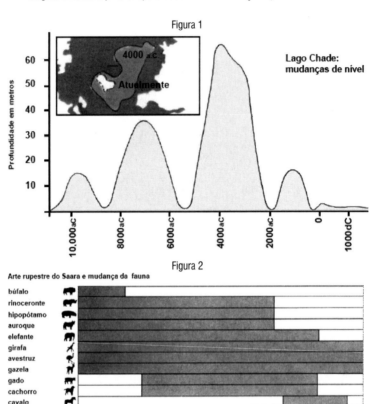

COMENTÁRIOS SOBRE OS TEXTOS

Os textos deste capítulo foram retirados do banco de questões do Pisa disponibilizado pelo Inep[12].

Destaca-se que o Pisa, já discutido no capítulo "A mediação do professor na compreensão leitora", é uma avaliação internacional que avalia jovens de 15 anos de idade. Nessa avaliação, pretende-se averiguar em que medida os jovens adquiriram, ao longo da educação básica, habilidades suficientes para desempenhar atividades requeridas na vida social.

Aqui serão trabalhados dois gráficos. O gráfico 1 apresenta as mudanças de nível do Lago Chade na região do Saara; e o 2 mostra a pintura rupestre do Saara e a mudança de padrões da fauna. Além dos gráficos, há um pequeno texto contínuo escrito antes da apresentação das figuras, uma espécie de preâmbulo utilizado para apresentar os dois textos não contínuos.

Para compreender esses textos, será preciso fazer desde a leitura mais literal dos gráficos, que envolve a localização de fatos explícitos por meio da leitura das informações descritas nos eixos ou na legenda, até a leitura de interpretação dos dados.

Para fazer a leitura desses gráficos, é necessário, primeiramente, que o leitor tenha noção dos elementos que compõem esse texto não contínuo para poder utilizar estratégias de leitura adequadas. Destaca-se que são os seguintes os elementos de um gráfico:

Título – geralmente é uma frase curta.

Subtítulo ou texto explicativo – imprescindível para a compreensão do gráfico, pois apresenta o assunto que nele será tratado. Há um texto explicativo que acompanha os dois gráficos. Esse texto é essencial para a compreensão. Uma eficiente estratégia de leitura desses textos é, primeiramente, ler com atenção o texto introdutório, utilizando as informações nele apresentadas para compreender os gráficos.[13]

Preparando-se para a leitura

Na fase inicial da atividade, devem-se determinar os objetivos da leitura dos textos. Vamos considerar que os gráficos apresentados devem ser lidos com o objetivo de adquirir informações e de aprender. Isso significa que os alunos deverão, com base na leitura, ampliar seus conhecimentos acerca do tema, bem como adquirir algumas informações específicas. Por isso, a leitura deverá ser feita com o objetivo de apreender todas as dimensões do texto.

Observa-se que, para a leitura dos textos em questão, informações prévias sobre gráficos seriam muito importantes. Por exemplo, faz diferença saber que o gráfico referente à profundidade do Lago Chade pode ser considerado um gráfico em linha, o qual tem a função de representar a variação de uma única grandeza em relação ao tempo. A grandeza representada é a profundidade do lago em metros. A variável do eixo horizontal é sempre tempo. O gráfico do Lago Chade permite, assim, que a grandeza "profundidade" seja acompanhada em termos de crescimento ou decréscimo ao longo do tempo. Dessa forma, é possível verificar tendência de aumento ou diminuição da profundidade do lago, bem como os pontos críticos em relação à profundidade. Ante a leitura de textos com essas características, destaca-se a importância de o professor explicar aos estudantes a estrutura dos gráficos, bem como os diversos tipos de gráficos existentes. Fazendo isso, possibilitará que o estudante adquira habilidades para lidar com textos que apresentam essas características.

Para atualizar os conhecimentos prévios, sugere-se, ainda, pedir aos alunos que exponham o que conhecem sobre gráficos e verificar como normalmente os leem. Isso permitiria que fosse feita uma avaliação diagnóstica da turma em relação aos conhecimentos sobre textos não contínuos.

Após possibilitar que os alunos explanem seus conhecimentos prévios sobre gráficos, o professor deve fornecer alguma informação geral sobre a região do Saara, onde fica o Lago Chade. Espera-se, por exemplo, que o leitor tenha noção de que a África é um continente, e de que o Saara é o maior deserto do mundo. Outro conhecimento prévio esperado é em relação à arte rupestre. Arte rupestre é o nome que se dá ao tipo de arte mais antigo da história, ou seja, desenhos ou representações artísticas gravadas nas paredes e tetos das cavernas. Auxiliaria a leitura do texto a informação prévia de que os desenhos representados nas cavernas eram principalmente de figuras de animais (na maioria das vezes, animais grandes e selvagens).

É interessante também chamar a atenção dos alunos para a relação existente entre o que vão ler e o que vivenciam; para isso, podem ser dadas informações atuais sobre política, economia, cultura da África, em especial da região em que se situa o Lago Chade.

A formulação de hipóteses também deve ser incentivada antes da leitura dos gráficos. Para formular hipóteses sobre a leitura dos textos apresentados, devem-se observar especialmente os títulos. O título do primeiro texto é "Lago Chade: mudanças de nível" e o do segundo é "Arte rupestre do Saara e mudança na fauna". Observando-se os dois títulos, pode-se supor que o primeiro texto trará informações acerca do Lago Chade e que o segundo tratará de arte rupestre e mudança da fauna.

Assim como a formulação de hipóteses deve ser incentivada, a formulação de interrogações sobre o tema também merece ser explorada. Considerando as previsões acerca do que trata a leitura, podem ser formuladas as seguintes questões: quais informações sobre o Lago Chade serão apresentadas? Qual a relação estabelecida entre arte rupestre e mudança da fauna?

No momento da leitura

O conjunto de textos que se apresenta aqui deve ser lido pelo professor com os alunos, de forma que ocorra a mediação. Primeiramente, deve ser lido o texto contínuo, que contextualiza os dois gráficos.

Destaca-se que os textos contínuos são compostos de sentenças que se organizam em parágrafos. Esse texto traz os elementos necessários para a plena compreensão dos gráficos. Em seguida, deve ser feita a leitura dos eixos dos gráficos.

Passemos à leitura dos textos. Primeiramente, será feita a leitura do texto contínuo, frase por frase, para identificar todas as informações relevantes que contribuirão para a compreensão dos demais textos. Em seguida, virá a leitura dos textos não contínuos.

Texto contínuo
A figura 1 mostra as mudanças de nível do Lago Chade, na região do Saara, no norte da África.

O primeiro período apresenta o tema do gráfico "Lago Chade": as mudanças de nível. Sendo assim, com base nesse período, já se pode afirmar que a primeira figura mostra as mudanças de nível do lago.

Outra informação relevante é a localização do Lago Chade, que fica no Saara, norte da África. Nesse momento, deve-se apresentar aos alunos o mapa da África, para que possam ter clareza da localização exata do Saara, onde se encontra o Lago Chade.

Após o período inicial, que informa a temática do gráfico 1, há os próximos períodos, que dão informações específicas acerca do lago:

O Lago Chade desapareceu completamente por volta de 20000 a.C., durante o último Período Glacial.

O período inicia-se indicando que o Lago Chade, em um determinado momento, desapareceu completamente. De acordo com o texto, o lago desapareceu completamente "por volta" de 20000 a.C. O uso da expressão "por volta" deve ser destacado, uma vez que ela indica que não se pode ter certeza absoluta de que ele tenha desaparecido exatamente nessa data; 20000 a.C. é uma data aproximada do seu desaparecimento. A referida expressão poderia ser substituída por "aproximadamente". Deve-se ainda destacar o significado de a.C, que é a abreviatura de Antes de Cristo. Nesse trecho, infere-se a informação de que a história da humanidade é dividida em antes de Cristo e depois de Cristo. A contagem dos anos, em muitos países, começou a ser feita no ano em que Cristo nasceu. Assim, há as datas anteriores ao nascimento de Cristo (a.C) e as datas posteriores ao seu nascimento (d.C). É importante considerar que, para essas últimas, não é obrigatório o uso da abreviatura "d.C".

Esse período ainda permite identificar que o Lago Chade existia antes de 20000 a.C., uma vez que foi a partir dessa data aproximada que ele desapareceu.

86 Formação do professor como agente letrador

Ainda nesse período, observe-se uma última informação: "durante o último Período Glacial". Essa é uma explicação que se refere à data aproximada do desaparecimento do lago: 20000 a.C., que corresponde ao último Período Glacial. Uma inferência que deve ser feita pelo leitor é que, se em 20000 a.C. vivia-se o último período glacial, existiram outros períodos glaciais antes. Esclarecimento também deve ser dado no que diz respeito aos períodos glaciais. As glaciações, fenômenos climáticos que ocorreram ao longo da história do planeta Terra, são períodos de frio intenso, nos quais a temperatura média do planeta baixou, provocando o aumento das geleiras nos polos e um grande acúmulo de gelo nas zonas montanhosas próximo às regiões de neves.

Dando prosseguimento ao texto, temos o próximo período.

Por volta de 11000 a.C., o lago reapareceu.

Esse período é um dos mais curtos do texto e requer que seja retomada a informação anterior, para que seja compreendido. No período anterior, foi fornecida a informação de que o lago desapareceu aproximadamente em 20000 a.C. Nesse período, é dada a informação de quando o lago reaparece: "por volta de 11000 a.C.". Outra vez é utilizada a expressão "por volta", que indica uma data aproximada; então o Lago Chade reapareceu aproximadamente em 11000 a.C.

No próximo período, apresenta-se a condição em que o Lago se encontra hoje.

Hoje, seu nível é quase o mesmo que era em 1000 d.C.

Esse período começa com a palavra hoje (advérbio de tempo), indicando que a informação que nele será apresentada é referente às características do lago no período atual. Atualmente, segundo o texto, o nível do lago é quase o mesmo que era em 1000 d.C. Fica, então, o questionamento: qual era o nível do lago em 1000 d.C? Esse dado encontra-se no gráfico, e não no texto introdutório. Assim, a informação relevante que esse período traz é a de que o nível atual do lago equivale ao nível de 1000 d.C. Deve-se destacar também aqui o uso da abreviatura "d.C.".

Em seguida, há outro período:

A figura 2 mostra a pintura rupestre do Saara e a mudança de padrões de fauna.

Nesse período, é apresentada a temática da segunda figura, que mostra a pintura rupestre do Saara e a mudança de padrões de fauna. Há, nesse período, uma relação implícita entre a pintura rupestre e a mudança de fauna: a pintura rupestre retrata o aparecimento e o desaparecimento dos animais. Assim, podem-se acompanhar as mudanças na fauna com base nessas pinturas. É relevante informar aos alunos que pintura rupestre é um tipo de arte feito em paredes de cavernas pelos homens pré-históricos, que utilizavam o desenho como forma de comunicação.

Após a leitura do texto contínuo, devem ser lidos os textos não contínuos.

No que diz respeito aos gráficos, há a necessidade de guiar o aluno na leitura dos eixos transversal e horizontal, chamando atenção para o fato de que a variável tempo está presente no eixo horizontal nos dois gráficos e que a outra variável altera-se em função do tempo.

Acompanha o gráfico do Lago Chade um pequeno mapa que se localiza à sua direita. Esse mapa mostra a região em que se encontra o Lago Chade, no Saara, e também mostra como o lago estava em 4000 a.C. e como está atualmente. Observando-o, fica bem visível a diferença de profundidade do lago, que hoje apresenta baixa profundidade se comparado a 4000 a.C.

Outro detalhe importante na leitura do gráfico do Lago Chade é que, à direita dele, encontra-se o seu título, "Lago Chade: mudanças de nível". O título é muito importante porque revela exatamente do que o texto vai tratar. É importante destacar que a temática do gráfico já havia sido apresentada no texto introdutório e que o título apenas ratifica a informação previamente fornecida.

Após observar o mapa e o título, deve-se proceder à leitura dos eixos do gráfico para compreendê-lo. O eixo vertical indica profundidade, e o horizontal tempo. Assim, a leitura do gráfico vai nos fornecer a variação de profundidade do lago ao longo do tempo. Sobre o eixo horizontal, algumas questões merecem destaque ao se realizar a leitura. Por exemplo, deve-se atentar para a data em que começa a ser apresentada a variação de nível do lago. Ao se observar o gráfico, nota-se que as mudanças de nível começam a ser apresentadas um pouco antes de 10000 a.C (que é a primeira indicação de tempo escrita no gráfico). A compreensão do motivo pelo qual o gráfico é assim apresentado só será alcançada se houver a integração das informações oferecidas no texto contínuo com as informações do gráfico. No texto introdutório, foi fornecida a informação de que em 11000 a.C o lago reapareceu. Por isso, então, o gráfico apresenta a mudança de nível a partir de uma data anterior a 10000 a.C, ou seja, o gráfico indica as mudanças de nível do Lago Chade considerando o momento em que ele reaparece, em 11000 a.C.

É necessário deixar claro para os estudantes que a leitura do eixo vertical, profundidade em metros, deve ser feita acompanhando o eixo horizontal, do tempo, pois assim será possível acompanhar a variação do nível de profundidade ao longo do tempo. Fazendo essa leitura, chega-se à conclusão de que, aproximadamente em 4000 a.C, o lago atingiu o maior nível de profundidade, chegando a mais de 60m. Esse nível de profundidade, entretanto, foi gradativamente diminuindo, até que, em 1000 d.C, o lago atingiu menos de 10 m de profundidade. Nesse momento, é importante retomar o texto introdutório, que indica que o nível atual de profundidade é semelhante ao que era em 1000 d.C. Combinando essas informações, conclui-se que hoje o lago está com um nível de profundidade abaixo de 10 m.

Compreendido o gráfico que representa as mudanças de nível do Lago Chade, passemos para a figura que mostra a pintura rupestre do Saara e a mudança de padrões de fauna. É importante reforçar que essa figura mostra como a representação da fauna em pinturas rupestres do Saara variou ao longo do tempo. Essa figura, então, nos mostra quais animais provavelmente habitavam essa região em cada período, visto que a pintura rupestre representa exatamente o cotidiano, o que nos leva a concluir que, se houver um determinado animal representado, um búfalo, por exemplo, em 8000 a.C, provavelmente esse animal estava presente na região.

Assim, devemos ler a figura 2 da seguinte forma: na vertical, temos os animais representados nas pinturas rupestres; na horizontal, temos o tempo. Dessa forma, se quisermos saber o período em que o búfalo esteve presente no Saara, precisamos acompanhar, na figura, seguindo o campo referente ao búfalo, a parte que se encontra preenchida. Ao observar a parte preenchida, devemos localizar o período na horizontal; daí teremos o período em que o animal esteve presente no Saara. Conclui-se que o búfalo esteve aproximadamente até 7000 a.C. no Saara, conforme as representações rupestres. Importante destacar, por exemplo, que, pela leitura da figura, observa-se que três animais estiveram presentes de 8000 a.C até 1000 d.C: girafa, avestruz e gazela.

APÓS A LEITURA DOS TEXTOS

Após a leitura, pode-se solicitar que os estudantes reconheçam o tema dos textos deste capítulo. Os textos tratam das mudanças de nível de profundidade do Lago Chade e da arte rupestre do Saara e a mudança da fauna.

Outra atividade posterior à leitura que pode ser sugerida é a elaboração de uma síntese acerca do que está sendo apresentado nos textos. Para realizar essa atividade, será preciso integrar informações dos três textos (introdutório, gráfico 1 e gráfico 2). O texto introdutório apresenta a temática dos dois gráficos e presta relevantes informações sobre o histórico do nível de profundidade do Lago Chade, desde seu desaparecimento, em 20000 a.C, até os dias atuais. O gráfico referente ao nível de profundidade do lago mostra as mudanças de nível desde aproximadamente 11000 a.C até por volta de 1000 d.C. Já a outra figura mostra a arte rupestre do Saara e a mudança da fauna desde 8000 a.C até 1000 d.C.

Após a leitura do texto contínuo e do gráfico do Lago Chade, algumas perguntas podem ser feitas: Qual o nível de profundidade do lago atualmente? Quando o lago alcançou maior nível de profundidade? Qual foi o momento de menor profundidade do lago? Considerando a figura 2, pode-se questionar qual a relação entre a arte rupestre do Saara e a mudança da fauna. Outras perguntas referentes à figura 2 podem ser feitas: Quais animais estiveram presentes por mais tempo no Saara? Quais animais estiveram menos tempo na região?

Por fim, considera-se que uma estratégia interessante para verificar a compreensão de um texto não contínuo é propor a produção de um texto contínuo por meio do qual sejam apresentadas as mesmas informações em outro formato. Abaixo, há um exemplo de como poderia ser feita essa atividade considerando o gráfico referente às mudanças de nível do Lago Chade:

O Lago Chade apresenta mudanças de nível desde seu reaparecimento, aproximadamente em 11000 a.C. Mais ou menos em 10000 a.C, o lago atingiu pouco mais de 10 m, havendo, posteriormente, um declínio desse nível, que voltou a aumentar em 8000 a.C. Por volta de 6000 a.C, ocorreu outro declínio, mas, aproximadamente em 4000 a.C, o lago atingiu seu maior nível de profundidade: mais de 60 m. Por volta de 200 a.C, o lago teve uma grande baixa no nível de profundidade, chegando a menos de 10 m; logo após, teve uma ligeira alta no nível, até que, em 1000 d.C, estabilizou com mais ou menos 2 m, nível que se mantém até hoje.

CONSIDERAÇÕES FINAIS

Este capítulo e os dois anteriores tiveram como objetivo apresentar uma proposta de leitura mediada pelo professor. Procurou-se explorar textos de disciplinas pertencentes à segunda fase do ensino fundamental e ao ensino médio, com a intenção de mostrar aos professores que a leitura é uma atividade que requer habilidades específicas que devem ser desenvolvidas em todas as disciplinas, visto que cada conteúdo requer a mobilização de estratégias diferentes para que ocorra a compreensão.

Professor letrador nos anos iniciais do ensino fundamental: iniciação ao letramento científico

Letramento científico

Letramento científico e alfabetização científica podem ser compreendidos conforme os objetivos do ensino de Ciências Naturais expressos nos currículos, no planejamento e nas atividades de sala de aula. Se a resposta dirige-se à aprendizagem dos conteúdos, ao domínio da linguagem científica, à memorização de terminologias, trata-se de alfabetização científica. Se os objetivos e as atividades de sala de aula referem-se à maneira de o sujeito raciocinar sobre os fatos científicos e as práticas sociais do conhecimento científico, ocorre o letramento científico.

A Organização para Cooperação e Desenvolvimento Econômicos (OCDE)[14] (2003) compreende letramento científico como o desenvolvimento de habilidades que permitem ao sujeito utilizar-se de metodologias que embasam a ciência para a compreensão das informações e do contexto do cotidiano. A Organização define quatro níveis de letramento científico: letramento científico nominal, letramento científico funcional, letramento multidimensional em ciências e letramento científico.

a) Letramento científico nominal
   É definido como o conhecimento de nomes e termos relacionados à ciência e pode ser compreendido como alfabetização científica.

Nesse nível de letramento, o ensino é centrado na transmissão, exposição e explanação dos conteúdos conceituais, com ênfase em exercícios de repetição, memorização e fixação. O processo de ensino e aprendizagem ocorre por meio de atividades do estilo ponto-questionário, isto é, o professor passa um 'ponto' para os alunos estudarem, juntamente com um questionário que servirá de base para a avaliação. Um exemplo bem interessante que pode ilustrar esse nível de letramento encontra-se em Bizzo (2001: 29):

> Dois gêmeos tentaram chamar a atenção para participar da aula de ciências. A mãe já havia dito que eles vieram de uma escola "puxada em ciências". Discutiam a respeito do ar, e um deles logo se prontificou: "o ar é uma mistura de gases insípida, incolor e inodora". A professora indaga: "E o ar tem gosto?" O garoto, perplexo, olhou para o irmão, procurando por alguma dica, e diante da falta de sucesso, admitiu desapontado: "Isso eu não aprendi, professora!"

Para a OCDE (2003), esse nível de letramento nominal em ciências refere-se ao conhecimento mais inferior.

b) Letramento científico funcional

Assim como o letramento nominal, é também considerado um nível inferior, visto que é aplicado àqueles que têm capacidade para utilizar o vocabulário científico em contextos limitados.

c) Letramento multidimensional em ciências

Parte da compreensão da natureza da ciência, de sua história e de sua influência na cultura, mais apropriado para os profissionais que se dedicam a esse ramo de estudo.

d) Letramento científico

Esse nível de letramento é usado em uma concepção que ultrapassa o mero conhecimento de fatos, nomes e termos, incluindo a compreensão dos conceitos científicos fundamentais, suas limitações e sua natureza como uma atividade humana. A OCDE (2006) utiliza uma definição mais ampla, intimamente identificada com o processo de educação e de aprendizagem dos sujeitos:

> Conhecimento científico de um indivíduo é a utilização desse conhecimento para: identificar questões científicas; adquirir novos conhecimentos; explicar fenômenos científicos, tirar conclusões baseadas em evidências sobre temas relacionados à ciência; compreender os aspectos característicos da ciência como forma de conhecimento e de investigação humana; ter consciência da forma pela qual ciência e tecnologia configuram nosso ambiente material, intelectual e cultural; favorecer o envolvimento com questões relacionadas à ciência, assim como com ideias científicas, como cidadão reflexivo (OCDE, 2006: 12).

O propósito do letramento científico é tornar o ensino de Ciências Naturais significativo. A significatividade da aprendizagem está ligada à funcionalidade, isto é, à possibilidade de utilizar os conhecimentos aprendidos quando necessário (Coll, 2000). Isso está vinculado à maneira de o sujeito raciocinar sobre os aspectos científicos: como torná-los funcionais – o que nos remete à função social do conhecimento.

As práticas de letramento científico fundamentam-se na tese de que o conhecimento do senso comum, do cotidiano, permite aos alunos interagirem de forma significativa com as novas aprendizagens. Torna-se então necessário cuidar da qualidade dessa interação, utilizando estratégias de ensino que possam ajudá-los na aquisição dessas aprendizagens.

A teoria da aprendizagem de Vygotsky (1991) fornece o suporte para essa prática pedagógica. Segundo o teórico, os alunos constroem esquemas de conhecimento que lhes permitem adquirir compreensão do mundo e dos fenômenos naturais, e o ensino escolar adequado a esses conhecimentos prévios permite avançar o conhecimento cotidiano e aproximá-lo do conhecimento científico que, embora elaborado pela comunidade científica, não é o mesmo da ciência dos cientistas.

ETNOGRAFIA DE UMA PRÁTICA DE LETRAMENTO CIENTÍFICO

Sob essa denominação os capítulos que se seguem sistematizaram os resultados de uma pesquisa que investigou o tema *Estudo etnográfico das contribuições da sociolinguística à introdução ao letramento científico no início da escolarização*[15]. Apresentaremos os melhores resultados obtidos nessa prática de letramento científico, vivenciada pela etnógrafa, descrevendo sequências de eventos significativos que permitiram consolidar conceitos que estão sendo trabalhados neste livro: a teoria da aprendizagem de Vygotsky (1991), a zona de desenvolvimento proximal (ZDP); a metáfora de andaimagem, proposta inicialmente por Bruner (1983) e posteriormente por Cazden (1988); a sociolinguística; o letramento científico, dentre outros.

A pesquisa comprometeu-se com a formação de professores que atuam nos anos iniciais do ensino fundamental e foi desenvolvida em uma escola da rede municipal de ensino de Aparecida de Goiânia-GO, entre 2006 e 2007, em uma turma de segundo ano do ensino fundamental, com 26 alunos entre seis e oito anos de idade. A etnografia colaborativa[16], de natureza qualitativo-interpretativa, permitiu que a professora efetiva da sala de aula, formada no curso médio de Magistério e estudante do curso de Pedagogia, atuasse como pesquisadora colaboradora. Todas as aulas foram gravadas em fitas VHS e transcritas em protocolos interacionais, que são documentos fundamentais na pesquisa etnográfica para identificar, descrever e analisar as rotinas de sala de aula. A pesquisa se deteve sobre rotinas bem-sucedidas e constituiu um exercício minucioso, extensivo e intensivo das pesquisadoras, na investigação das contribuições teóricas à prática pedagógica.

Veremos no capítulo a seguir, "Etnografia de uma prática de letramento científico (1)", a transcrição de uma única aula, do início ao fim. O tema "Estudo e classificação do solo" compõe a unidade de ensino sobre os quatro elementos da natureza: água, ar, calor e terra.

As três aulas transcritas no capítulo "Etnografia de uma prática de letramento científico (2)" integram a unidade sobre doenças infectocontagiosas. O tema abordado nessa aula foi 'Tuberculose".

A unidade mais extensa trata dos seres vivos animais e vegetais. Descrevemos no capítulo "Etnografia de uma prática de letramento científico (3)", os protocolos de seis aulas com o tema "A metamorfose da borboleta".

Finalmente o décimo capítulo "Etnografia de uma prática de letramento científico (4)", trata de um protocolo construído um ano após a conclusão da referida pesquisa. A professora colaboradora planejou a unidade "saúde e alimentação". Será transcrita apenas a terceira aula dessa unidade, sobre a importância das frutas para a saúde, em que foram desenvolvidas estratégias de leitura, integrando a alfabetização e o letramento científicos (Ciências Naturais).

Em todos os protocolos interacionais veremos sequências de eventos bem-sucedidos que se beneficiaram de ação responsiva da professora, ratificação entre os atores da sala de aula, pista de contextualização, diálogos, eventos de letramento verbal e escrito, IRA (pergunta inicial/ resposta/avaliação), tendo como resultado o letramento científico.

As aulas representam um exercício incansável da professora colaboradora em desenvolver um trabalho de andaimagem, configurado com a sobreposição da sua fala à dos alunos, auxiliando-os na construção do pensamento e da forma de seu enunciado, com o retorno significativo às suas perguntas e intervenções; com a reformulação e expansão do seu turno de fala, sempre ajudando-os, interativamente, na reconceptualização e ressignificação do conhecimento.

Convidamos os professores à leitura e à reflexão sobre esses capítulos, partilhando a compreensão de que: "A ação pedagógica em sala de aula é dinâmica, altamente dependente do contexto que se vai constituindo. É sempre uma produção conjunta entre professor e aluno, localmente constituída e administrada em tempo real" (Bortoni-Ricardo, 2005:229).

Etnografia de uma prática de letramento científico (1)

Conceitos de sociolinguística interacional

Inicialmente apresentaremos alguns conceitos da sociolinguística interacional que foram introduzidos na sala de aula com o objetivo de torná-la um ambiente interacional favorável à aprendizagem das Ciências Naturais. Em seguida, descreveremos o protocolo interacional com o objetivo de analisar o processo da construção da aprendizagem sobre o estudo e classificação do solo, integrado à alfabetização.

Para iniciar a aula, a professora organizou sua sala em círculo, convidando os alunos a sentarem-se no chão. Em seguida passaram a conversar sobre as estruturas de participação, que entre eles são conhecidas como os *combinados*. Estrutura de participação

> é a forma como a integração é organizada em sala de aula, com base em algumas normas tácitas que distribuem deveres e direitos. Por exemplo: "fala um de cada vez"; há momentos de trocar ideias com o colega ao lado e há momento de ficar atento, ouvindo o que o professor ou colega está falando para toda a turma (Bortoni-Ricardo, 2005: 239).

Esses combinados são configurações que a professora encontrou para definir regras e incluir os alunos no desenvolvimento das atividades, tais como levantar o braço, aguardar a vez, pedir a fala, sustentar *o piso*[17]. Trata-se de oferecer oportunidades para que os alunos falem e sejam retificados ou ratificados, ensinando-os a respeitar o direito uns dos outros, desenvolvendo valores e atitudes. Essa expressão constitui-se em uma pista de contextualização[18], que é parte do conhecimento implícito dos alunos.

Pistas de contextualização constituem uma estratégia eficaz de andaimagem[19] culturalmente definidas por grupos sociais, étnicos ou culturais e que servem, no contexto, para motivar os alunos. Essas pistas são facilmente construídas em sala de aula por uma professora atenta aos seus propósitos, despertando a atenção dos alunos para o tema da aula, relacionando-o a aulas anteriores, evocando fatos, histórias que tenham significado para o que está sendo ministrado.

Com os alunos em círculo, sentados no chão, junto à professora, o ambiente deixou de ser estruturado e rígido, não só pela disposição do espaço físico, mas também pelo redimensionamento das possibilidades de interação entre os atores.

Segundo o conceito de ambientes, fornecido por Coll (1999), a sala de aula deve ser um lugar no qual as pessoas podem interatuar frente a frente, facilmente. Os fatores da atividade, do papel e da relação inter-pessoal constituem os elementos ou componentes desse microcosmo. A noção de ambiente foi importante para construirmos, em sala de aula, um ambiente propício para o diálogo, para a sociabilização dos alunos e para a socialização dos saberes, ou seja, um ambiente aberto e inclusivo que não fosse rigidamente estruturado como nas salas de aula tradicionais.

Pesquisadores da etnografia da comunicação, como McDermott (1982), Brice-Heath (1984) e Philips (1972), defendem que é imprescindí-vel arranjar um ambiente na sala de aula que seja favorável à construção da aprendizagem, ao que é dado o nome de "arranjos estruturais da interação".

Veremos, no protocolo a seguir, que a professora constrói progressi-vamente esse tipo de arranjo, utilizando-se desses princípios para manter em sua sala um ambiente interacional favorável à participação, à tomada de piso, à demonstração de competência comunicativa dos alunos, ao contato de olhos, às expressões faciais. Essas atitudes representam estratégias intera-cionais, que constituem ações responsivas e que contribuíram positivamen-te no desenvolvimento da aula, na aprendizagem do conteúdo de Ciências Naturais e especialmente na prática da professora como agente letrador.

O protocolo interacional que será descrito tem por objetivo fornecer elementos para analisar o processo da construção da aprendizagem em uma perspectiva interdisciplinar, integrando Ciências Naturais à alfabeti-zação. A estratégia empregada pela professora foi fazer um experimento sobre o solo.

Após a organização do ambiente, tendo sido definidas as estruturas de participação e os papéis sociais[20], há um clima disciplinar propício para que a aula possa promover resultados satisfatórios. A professora dá prosseguimento ao ensino, orientada pela metodologia da problematização [21].

PROTOCOLO DA AULA[22]

[De início, a professora pesquisadora colaboradora faz uma sondagem do conhecimento prévio dos alunos acerca do tema. Sustentada pela teoria vigotskyana de aprendizagem, investiga o nível conceitual dos alunos em função dos objetivos, para promover andaimes adequados à aquisição da nova aprendizagem.]

1. P – Vocês sabem o que é solo?
2. A – Sim, sabemos, é terra.
3. P – Ah! Muito bem! Nós estamos sentados aqui em cima da terra?
4. A – + Não!
5. P – Em cima de quê?
6. A – ++Do piso!
7. P – Se eu quebrar esse piso, vou encontrar o quê?
8. A – ++O solo, + a terra.

Os alunos já empregam a palavra solo, indicando que houve a compreensão de seu significado. Estamos diante de uma confirmação explícita da aprendizagem.

9. P – Muito bem!
10. P – Qual é a diferença entre solo e terra?

A professora problematiza motivando os alunos a investigarem e ampliarem o conhecimento sobre o tema. A palavra que já conhecem é *terra* e ela está introduzindo um item novo em seu vocabulário – *solo* – mostrando-lhes que as duas palavras se equivalem.

11. P – Vocês acham que é a mesma coisa?
12. A – ++ Sim!

No decorrer do episódio observa-se que o diagnóstico do conhecimento prévio é favorecido com o *arranjo* do ambiente. A professora usa esse ambiente para investigar o nível conceitual dos alunos sobre o objetivo traçado. Se o objetivo da aula é que os alunos classifiquem tipos de solo, é fundamental diagnosticar se os alunos já construíram o conceito de solo, trabalhado em outra aula, se há compreensão do seu significado, para então ampliar a ZDP, problematizando em torno do tema, como aparece nos turnos de (13) a (15).

13. P – Será que todos os solos são iguais?
14. P – Será que todas as terras são iguais?
15. A – + + Não!

Vemos como as ações responsivas ratificadoras, que representam estratégias interacionais em sala de aula, podem ser altamente positivas à aprendizagem quando dirigidas para a expansão do piso, fortalecendo a intervenção do aluno. Uma forma efetiva de o professor conferir a ratificação é dar continuidade à contribuição do aluno, elaborando-a e ampliando-a.

A análise dos turnos de (16) a (27) converge para o ambiente, e as estruturas de participação e as ações responsivas ratificadoras atuam em benefício da aprendizagem dos alunos. Observamos também que os esquemas de conhecimento desencadeiam conflitos sócio-cognitivos, que serão resolvidos a partir da produção de andaimes, em um movimento contínuo de ressignificação e reconceptualização.

[Os alunos permanecem em círculo e a professora dá sequência ao dialógo em torno da investigação.]

16. A – (LF) Tem umas que são bege.
17. A – (L) + Tem vermelha!
18. A – (L) Às vezes quando a gente cava acha... encontra minhoca.

Nos três últimos turnos os alunos desenvolvem processos de reconceptualização. Demonstram conhecimento prévio do tema e contribuem para a progressão da aula.

19. P – É mesmo!
20. A – (LF) E o que mais encontramos na terra?

O aluno assume o piso e apresenta uma pergunta muito pertinente, conflito sócio-cognitivo que funciona como um andaime para os colegas. Estamos diante de um andaime aluno-aluno, que motiva outras participações igualmente pertinentes.

21. A – ++(L) Plantinhas, folhas sujas, animais.
22. A – (J) Lá em casa tem terra de toda a cor!
23. P – Olha que coisa importante que a (J) falou!

A professora promove ação responsiva ratificadora diante da fala da aluna, desencadeando uma ação interativa entre os alunos.

24. P – Que na casa dela tem terra de toda cor!
25. A – (LF) Quais são as cores?
26. A – (J) + Vermelha, cinza...

A fala da aluna (J) indica que a sua ZDP é ampliada quando consegue generalizar os conceitos de solo e terra exemplificando as cores de terra que tem em sua casa.

27. P – Muito bem!

Nesses episódios pode-se perceber que:

a) o contexto situacional da interação permite ao aluno levantar o braço, tomar o piso principal, dando a resposta à professora e fornecendo ao grupo um andaime aluno-aluno, quando amplia a informação – turnos (16), (17), (18), (20), (21), (22);

b) no turno (23), por excelência, tem-se uma ação responsiva ratificadora positiva da professora diante da fala dos alunos. Uma pedagogia culturalmente sensível, entre outras ações, pressupõe a atitude de escuta da professora para com todos os alunos;

c) a professora, ao ratificar a fala da aluna, voltando-se para todo o grupo, fortaleceu o ambiente interacional da sua sala de aula, desencadeando um diálogo entre dois alunos, o que constitui em andaime para o grupo. A análise dos turnos (25) e (26) apresenta uma preciosa contribuição aos educadores para que reflitam sobre uma prática pedagógica voltada para a inclusão dos alunos no contexto da sala de aula. A aluna ratificada pela professora sentiu-se incluída e fortalecida para futuramente ser ator ativo de novas construções de aprendizagens;

d) o ambiente interacional da sala de aula foi favorável à aprendizagem, permitindo que os esquemas de conhecimento desencadeassem conflitos sócio-cognitivos entre os alunos que se beneficiaram dos andaimes fornecidos pelo grupo para que os processos de ressignificação e reconceptualização fossem construídos – turnos (20) a (26).

100 FORMAÇÃO DO PROFESSOR COMO AGENTE LETRADOR

Esses episódios demonstram como o ambiente, o contexto da interação, as estruturas de participação, as ações responsivas ratificadoras, os papéis sociais são facilitadores da construção da aprendizagem.

As microanálises, até o momento, demonstraram que o processo comunicativo entre os atores se beneficiou das ações interativas da sala de aula.

Ambos os processos exigiram da professora o desenvolvimento de estratégias relacionadas diretamente à organização do conhecimento. Segundo Bortoni-Ricardo,

> entre elas [as ações] as que promovem o ensino incidental, decorrente da própria dinâmica interacional, a recapitulação contínua, as associações entre o que é novo e o que já foi visto, a exemplificação, a transição de um nível epistêmico abstrato para o mais concreto, enfim, aprendizagem em espiral que vai do mais simples ao mais complexo e daí retorna ao mais simples (Bortoni-Ricardo, 2005:229).

A microanálise dos turnos (28) a (38) aponta estratégias que auxiliaram os alunos a transpor o conhecimento espontâneo para o conhecimento científico. Essa transposição, balizada na ZDP, conduz aos processos de reconceptualização e ressignificação.

A metodologia problematizadora propõe a busca da informação para ampliação da ZDP como ocorre no experimento relatado neste capítulo. Uma experiência sensorial e um experimento foram propostos pela professora para encontrar resposta ao problema inicial. Será que todos os solos são iguais? Como encontrar esta resposta?

Hodson (1994) considera como atividade prática qualquer trabalho em que os alunos estejam ativos e não passivos. O experimento é um evento prático (Rosito apud Moraes, 2003) e significa um ensaio científico para verificação de um fenômeno físico; portanto, experimentar implica pôr à prova, ensaiar, testar algo.

Inicialmente os alunos são convidados a pegar no solo. Trata-se de uma experiência sensorial, turnos (28) e (29), cujo sucesso com os vinte e seis alunos foi garantido pelo clima disciplinar harmonioso.

A sala de aula, concebida como um ambiente interacional facilitador da inclusão e da permanência de todos os alunos, é, por excelência, um local de ensino e aprendizagem, o que torna fundamental a criação de um clima disciplinar, por meio da negociação de estruturas de participação e definição dos papéis sociais, como observa Bortoni-Ricardo.

> Pesquisas etnográficas em sala de aula, em todo o Brasil e em outros países, têm mostrado que os professores que não administram bem os turnos de fala têm menos chances de obter bons resultados em seu trabalho pedagógico.

Coll (2000), ao tratar a sala de aula como um espaço comunicativo, regulado por um conjunto de regras, observa que, se elas são cumpridas, permitem que professor e alunos possam comunicar-se e alcançar os objetivos propostos.

> A existência dessas "regras educacionais básicas" que regulam a fala em sala de aula exige que os participantes as conheçam e se ajustem à sua atividade. Quando isso não ocorre, acontecem mal-entendidos, falhas na compreensão, a comunicação torna-se difícil, ou impossível, e algo similar acontece com a aprendizagem (Edwards e Mercer, 1998, apud Coll 2000: 185).

[A professora apresenta os tipos de solo – arenoso, argiloso e humoso -, num recipiente transparente e aberto para que os alunos possam manusear.]

28. P – (LF) e (J) Vão passar com as amostras de solo e todos vão pegar na terrinha, para ver se são iguais ou diferentes.
29. P – Vejam se alguma gruda mais na mão, veja se é mais grudenta.

[Comprovam que os solos são diferentes.]

Os alunos chegam a uma conclusão mediante sua experiência sensorial.

A professora prossegue com o experimento, colocando em teste a densidade do solo. Os turnos (30) – (37) descrevem como o experimento permite aos alunos a transição de um nível epistêmico abstrato para o mais concreto, o que implica uma observação direta.

Cabe ao professor orientar os alunos sobre o que observar, de modo que se coletem dados importantes para as comparações que se pretende, pois a habilidade de observar implica um olhar atento para algo que se tem a intenção de ver (PCN, 1997: 66).

O experimento permite uma observação direta por parte dos alunos

30. P – Tem terrinha mais grudenta do que outras, que retém a água.

[Todos participam do experimento da absorção da água.]

A professora promove a ampliação dos conhecimentos prévios através do experimento nos diferentes tipos de solo e continua instigando com perguntas.

31. P – O que é reter? Quem sabe?

[Os alunos conversam entre si, tomam um piso paralelo, audível apenas entre os colegas vizinhos.]
[A professora explica o que é *reter*.]

32. P – Qual é o solo que mais retém água?

A professora sugere hipóteses, ampliando a ZDP dos alunos, promovendo a progressão temática da aula e preparando-os para a aquisição de novos conhecimentos.

33. A – ++ Argiloso!
34. P – Qual é o solo que mais absorve a água? Vamos olhar para cá?

Os alunos constroem conhecimento através do manuseio e das indagações da professora.

35. A – ++ Humoso.

A aluna fornece uma resposta factualmente correta. A professora acata a contribuição da aluna e dá a eles a oportunidade de ampliar o raciocínio, reconceptualizando. No decorrer do experimento recém-realizado, modificando a pergunta, ela espera que os alunos, por si mesmos, construam a seguinte inferência: o tipo de solo por onde a água passa mais rápido não é o solo que mais absorve a água.

36. P – Qual dos solos a água passou mais rápido, deu para perceber?
37. A – Deu sim, professora, foi no arenoso.
38. P – - Muito bem!

O experimento e a observação realizados resultaram em um conjunto de informações que, segundo a metodologia da problematização, podem ser organizadas por meio da sistematização. Essa sistematização, conforme o nível de desenvolvimento dos alunos, se realiza por meio de desenhos, listas, textos, relatórios (MEC, 1997: 127).

Nos turnos de (39) – (41) a professora motiva os alunos para que produzam um relatório coletivo, promovendo uma estratégia de letramento.

[Após o intervalo do recreio, a professora retoma o tema estudado (recapitulação contínua) e organiza a sala de aula em fileiras, as carteiras alinhadas uma atrás da outra.]

39. P –Vamos nos organizar para escrevermos o nosso textinho? Tudo bem!
40. P – Antes de escrever no quadro-giz vamos conversar sobre o que aprendemos.

[Os alunos desenvolvem um piso paralelo entre si.]

A professora propõe uma sistematização verbal. A interiorização se dá no processamento das informações fornecidas pela explicação da professora, que aferece novos andaimes e intervém na ZDP. Em seguida, promove a sistematização escrita.

104 Formação do professor como agente letrador

41. P – Agora, vamos escrever no quadro-giz um relatório coletivo sobre o que nós estudamos hoje. Tudo bem, crianças?

Na volta do recreio, embora a sala de aula seja reorganizada em carteiras alinhadas (desfez-se o círculo), o ambiente interacional é mantido, o que comprova que esse ambiente não deve ser entendido apenas como organização do espaço físico. O planejamento da professora segue coeso em função dos objetivos traçados para essa aula.

O turno (40) é decorrente da própria dinâmica interacional. A recapitulação contínua, desenvolvida pela estratégia de letramento, está relacionada diretamente ao processamento cognitivo.

Durante toda a estratégia de letramento, a professora desempenhou o seu papel de mediadora. As reformulações sofreram a intervenção direta da professora, atuando na ZDP, produzindo andaimes para que as associações entre as informações pudessem avançar em nível cada vez mais complexo. São esses os procedimentos adotados pela professora:

a) apresenta perguntas contextualizadas sobre o turno anterior da aula;
b) formula predições sobre as conclusões a que chegariam;
c) propõe novas perguntas;
d) esclarece dúvidas;
e) focaliza a postura ativa dos alunos;
f) dirige a discussão dos alunos.

Finalmente, a professora passa ao relatório final, turnos (42) e (43). Para iniciar o relatório, recebe sugestões dos alunos para o título. Os alunos estão aptos a sugeri-lo porque o conhecimento científico sobre tipos de solo não foi mecanicamente adquirido. Eles participaram como atores ativos dos processos cognitivos pelos quais esse conhecimento foi construído. Portanto, a habilidade dos alunos de fornecerem o título caracteriza uma prática de letramento científico.

42. P – Vamos escrever para ver se aprendemos mesmo! Como será o título?

[Os alunos desenvolvem um piso paralelo entre os colegas mais próximos.]

Na escrita do relatório, a professora promove novos andaimes, ajudando os alunos a construírem um novo nível conceitual dentro de uma abordagem interdisciplinar.

43. A – ++ Tipos de solo.

A professora emprega a palavra título, que é mais adequada do que nome do texto, pois é uma convenção da língua escrita. Ao sugerir o título os alunos demonstram saber que estão trabalhando com um processo de classificação, que se caracterizou como uma prática do letramento científico. Os turnos (44) a (60) demonstram resultados positivos no processo de alfabetizar letrando, no trabalho interdisciplinar de alfabetização e letramento científico.

44. P – Por que comecei com a letrinha maiúscula?
45. A – ++ (L) Eu sei, porque é começo de frase.

A esta altura, a professora vale-se da oportunidade para recuperar com os alunos algumas noções de convenções ortográficas.

46. P – Como se escreve *hoje*?
47. A – + Com (h).
48. P – Ótimo!

[A professora faz uma paradinha na palavra "hoje".]

49. P – Vinte e cinco "di" ou "de"?
50. A – "de".

Os alunos demonstram conhecimento do princípio alfabético, segundo o qual o fonema /i/ átono final é representado pela letra "e"[23].

51. P – Muito bem!
52. P – E agora, para escrever "mil" usamos "l" ou "u"?

Novamente a professora recorre à consciência fonológica dos alunos e ao seu conhecimento do princípio alfabético.

53. A – ++ Com "l", professora! Com "l".
54. P – Vou ver quem está fazendo direitinho!

[A professora circula entre os alunos, conversa com um, faz observações a outros.]

55. P – Então, quais são os tipos de solo estudados na aula de hoje?
56. A – + (C) Arenoso!
57. A – ++(L) Argiloso e humoso, professora!

58. P – Como se escreve "humoso"?
59. A – + (LF) /h/ /u/ /m/ /o/ /s/ /o/

[A aluna recita as letras.]

60. P – Muito bem! Todos concordam?

A professora, quando define estruturas de participação, fornece ações responsivas, propicia o diálogo e os andaimes, mantém o clima disciplinar, alcançando melhores resultados para o seu ensino. Ela conseguiu integrar o ensino de Ciências Naturais, alfabetizando e letrando.

61. A – Sim, professora!

Podemos observar no episódio descrito:

a) o planejamento interdisciplinar integrou Ciências Naturais e Alfabetização;
b) a intervenção pedagógica e atenciosa da professora – ações responsivas – foram fundamentais para a construção de um novo nível conceitual dos alunos;
c) o relatório construído coletivamente favoreceu o desenvolvimento das quatro habilidades linguísticas dos alunos: ouvir, falar, ler e escrever;
d) a promoção de andaimes favoreceu a construção da consciência fonológica.

A transcrição desse protocolo evidencia uma prática de letramento científico bem-sucedida em que a professora auxilia os alunos a fazerem uso da língua portuguesa nas modalidades oral e escrita. O trabalho coletivo favoreceu as estratégias de mediação, explorando pistas para que os alunos construíssem a coesão textual.

Imagem 2

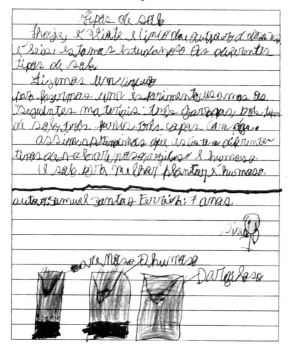

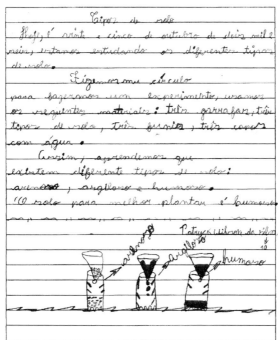

Exemplo dos textos produzidos pelos alunos sobre os tipos de solo

Com as estratégias de letramento, a professora conseguiu sistematizar o conhecimento científico, contemplando os objetivos da aula e a avaliação, o que pôde ser constatado no relatório coletivo produzido pelos alunos. Também conseguiu integrar o trabalho pedagógico referente ao letramento científico (ensino de Ciências Naturais) com o trabalho pedagógico de alfabetizar letrando.

Ao definir a estrutura de participação, foram criadas oportunidades de sociabilização entre os alunos, introduzindo a aprendizagem de valores e atitudes. Essa dimensão dos conteúdos também deve ser objeto de ensino, não menos importante do que os conteúdos científicos.

Etnografia de uma prática de letramento científico (2)

Neste capítulo serão transcritas três aulas que compõem a unidade doenças infecto-contagiosas. O tema "Educando o cidadão sobre a tuberculose" integra o programa de Saúde nas Escolas da Prefeitura Municipal de Aparecida de Goiânia (2007), proposto em virtude do alto índice de pessoas portadoras da doença na região onde está localizada a escola.

Na primeira aula a professora introduz a palavra geradora *Tuberculose* desenvolvendo a consciência fonológica[24] dos alunos. Na fase inicial da aprendizagem da leitura e escrita, a competência essencial a ser desenvolvida é o processamento fonológico, quando o leitor principiante começa a compreender que cada palavra – ou partes dela – é constituída de um ou mais fonemas.

Adams et al. (2006) fazem uma distinção entre os termos *Consciência fonológica* e *consciência fonêmica*. Esses termos muitas vezes são aplicados de forma generalizada. Para os autores, o termo consciência fonológica é mais amplo, abrange todos os tipos de consciência dos sons que compõem o sistema de certa língua, o que difere da consciência fonêmica por esta apresentar diferentes níveis, como a consciência silábica, por exemplo. Segundo os autores, "a consciência de que a língua é composta por pequenos sons que são representados por letras de uma escrita alfabética, chamados de fonemas, é o que definimos de consciência fonêmica" (Adams et al., 2006: 22).

A aula transcrita representa um autêntico planejamento interdisciplinar em que o ensino de Ciências Naturais integrado à alfabetização contribui para superar os limites estreitos que são definidos para cada área do conhecimento, na medida em que o conteúdo aprendido em Ciências estará sendo retomado em recapitulação contínua nos diferentes momentos e perspectivas, desta e de outras aulas, com vistas à alfabetização. São objetivos da aula:

- Ampliar a análise e a síntese da segmentação *fonêmica* da palavra tuberculose;
- Conhecer a *letra* específica pela qual cada fonema é representado na palavra;
- Compreender que a sequência de fonemas compõe uma sílaba.
- Compreender o que são doenças contagiosas;
- Conhecer as formas de contaminação;
- Conhecer a importância do tratamento;
- Construir valores e atitudes de apreço à saúde e ao corpo.

A microanálise fornecerá oportunidade de investigar o trabalho da professora como agente letrador, sem perder o foco da sala de aula como um ambiente favorável para que a aprendizagem se efetive. Ao longo da aula, será analisado o ensino sob a dinâmica dos processos de ressignificação, reconceptualização e andaimes.

O planejamento da professora inicia-se com a organização do ambiente interacional da sala de aula. Ela aproveita o ambiente físico móvel de sua sala de aula e retira as carteiras do centro, colocando-as próximas às paredes. No centro da sala, traça com giz um círculo, no chão, e convida os alunos para se sentarem sobre a linha traçada.

PROTOCOLO DA 1ª AULA

[Ao iniciar a aula, a professora coloca todos os alunos em círculo e observa cuidadosamente se todos estão em posição adequada para participarem do evento. Inicia então o diálogo com os alunos, fazendo uma revisão dos combinados, ou seja, das pistas e papéis sociais.]

1. P – Hoje nós vamos ter uma aula para conversarmos sobre as doenças, mas antes de nós começarmos a nossa aula sobre as doenças, vamos ver que combinamos umas coisas com vocês, não é?
2. P – Quando a professora perguntar e nós formos falar, como é que funcionam as coisas por aqui?

3.   A – ++ (M) Levantar a mão.
4.   P – Isso (M), muito bem!
5.   P – Ah! Quando nós formos falar e quem quiser falar tem que levantar o dedo?
6.   P – O que mais aprendemos para que a nossa aula seja uma aula bonita?
7.   A – ++ Falar na hora que puder, ouvir o colega.
8.   P – Isso! Falar na hora que puder! Tem que esperar o colega terminar!
9.   P – Isso (A). Muito bem!
10.   A – + Fazer uma oração!
11.   A – ++ Tem que ter educação!
12.   A – Falar com educação!
13.   A – +++ (B) Quando tiver visita...
14.   P – Quem perguntou?
15.   P – (M) Fala...
16.   A – ++ (M) Quando tiver visita tem que ser educado.
17.   P – Isso! Falar sempre com educação.
18.   A – ++ Escutar a professora.
19.   P – Também!
20.   A – Só com visitas?
21.   A – +++ Todo mundo, professora!
22.   P – Pode falar todo mundo junto, sem que a gente entenda os colegas?
23.   A – ++Não! E só levantar o dedo.

Nos turnos (1) – (23), são fornecidos andaimes, através de pistas de contextualização (Gumperz, 2003), que servem para os alunos construírem as bases do contexto em que a aula é conduzida. Isso permite que eles façam uso de inferências, confirmando regras de sociabilização já definidas pelo grupo. A professora, ao incluir todos os alunos no círculo, isto é, organizando o ambiente físico, favorece o ambiente interacional, o processo comunicativo entre os atores, fundamentais na construção da aprendizagem. Os alunos, sentindo-se incluídos, sentem facilidade para sustentar o piso, proporcionando o clima disciplinar para dar prosseguimento à aula.

A microanálise inicia-se com a introdução do conteúdo. Nessa etapa observa-se a introdução da metodologia problematizadora, através do levantamento do nível conceitual dos alunos acerca do tema – nível de desenvolvimento real – segundo Vygotsky. Nos turnos (24) – (66), os alunos são convidados a expor suas ideias e conhecimentos acerca do tema. Para fazer o levantamento do conhecimento prévio, a professora formula perguntas, dando início ao diagnóstico do nível conceitual dos alunos, de acordo com o que diz Oliveira (2001, p. 62):

112 Formação do professor como agente letrador

O processo de ensino-aprendizado na escola deve ser construído, então, tomando como ponto de partida o nível de desenvolvimento real da criança – num dado momento com relação a um determinado conteúdo a ser desenvolvido – e como ponto de chegada os objetivos estabelecidos pela escola, supostamente adequado à faixa etária e ao nível de conhecimento e habilidades de cada grupo de crianças. O percurso a ser seguido nesse processo estará balizado também pelas possibilidades das crianças, isto é, pelo seu nível de desenvolvimento potencial.

Nos turnos que se seguem, a professora desenvolve a habilidade de *escuta*, fornece pistas, andaimes e oportunidade para que os alunos percebam que o conhecimento inicial pode ser ampliado.

24. P – Então... Agora a professora vai falar para vocês sobre uma doença.
25. P – Vocês conhecem alguma doença?
26. P – Quem já ouviu de vez em quando um coleguinha falar que está doente?

[Os alunos respondem de uma só vez.]

27. P – Vamos levantar o dedo!

A professora aproveita a motivação dos alunos para investigar o seu conhecimento intuitivo do tema adquirido pela vivência.

28. P – O (A) falou que já ouviu falar em alguma doença. Qual?
29. A – +++ (A) Câncer.

O aluno demonstra conhecimento empírico sobre uma grave doença.

30. P – É uma doença!
31. A – ++ (M) Doenças de veias.
32. P – Ah! Doença das veias...
33. A – ++ (M) Minha mãe tem doença nas veias.
34. P – Tem pessoas que ficam com as veias das pernas doloridas mesmo.
35. P – Isso!
36. P – Quem mais levantou o dedo e quer falar o nome de alguma doença?
37. A – +++ (MJ) E... e... e...
38. A – Esqueceu o nome da doença.

Os alunos tomam o piso mesmo que não tenham conseguido formular bem a pergunta. O trabalho da professora é justamente este: ajudá-las na elaboração. Os aspectos cognitivos se beneficiam dos aspectos não cognitivos (emocionais) promovidos pelo ambiente sociabilizador.

39. P – Qual é o nome da doença?
40. A – + Dor de...
41. P – (K) está falando em uma doença? Qual é?
42. A – ++ (K) Febre.
43. P – Febre é uma doença que pode ser causa de outras doenças... Vamos aprender mais sobre isso!
44. A – (G) Catapora.

O aluno demonstra conhecimento adquirido pela vivência.

45. P – Muito bem! É isso mesmo!
46. A – ++ (L) Gripe.

Os alunos socializam as informações que vão servindo de andaime aluno-aluno, ajudando-os a demonstrar conhecimento intuitivo acerca do tema.

47. P – Isso (L)! Gripe também é uma doença.
48. A – +++ (P) Dor de cólica.
49. P – Isso! Cólica também é uma doença,ou uma dor?
50. A – + (B) Dengue.
51. P – Isso! Dengue é uma doença.
52. P– Estou vendo vários alunos levantando as mãos ao mesmo tempo. Abaixa os braços, um de cada vez!

A professora desenvolve a habilidade da escuta e através do diálogo fornece andaimes oportunizando a construção do significado do tema da aula. Os alunos sentem-se motivados para participar, uma vez que a oportunidade de inclusão é dada a todos. Eles se sentem motivados pelo ambiente interacional a tomar o piso.

53. A – + (MJ) Professora, tem veis a mamãe bate e a gente dorme.
54. P – Mas, isso não é doença. É só uma dor e logo passa.
55. P – Quem já viu falar de uma doença nos pulmões?
56. P – É uma doença que dá nos pulmões. Quem sabe?
57. A – + (K) Eu sei professora! É quando a gente fuma muito.

114 FORMAÇÃO DO PROFESSOR COMO AGENTE LETRADOR

58. P – Isso! Tá também ligado com fumar!
59. P – O nome da doença é.... Quem sabe?
60. P – Bom! É uma doença que dá nos pulmões das pessoas. Veja o nome dela. É tuberculose. Nós vamos saber mais dessa doença e conhecer essa palavra.

[A professora escreve a palavra "tuberculose" no quadro-giz e os alunos repetem.]

61. P – É uma palavra grande!
62. P – Vamos ler com atenção "tuberculose".

[Os alunos repetem, escandindo as sílabas.]

63. A – + Tuberculose.
64. P – - Alguém já ouviu falar nessa doença?

[Os alunos tomam o piso lateral.]

Os alunos não respondem, deixando tempo para a professora desenhar o seu planejamento do tema.

65. P – Bom! Essa palavra é grande ou pequena?
66. A – Grande.

Consideramos que o contexto do ambiente físico não foi relevante no desenvolvimento dessa etapa. Outros elementos, como o tempo que foi destinado à interação, os papéis sociais exercidos entre os atores e os atributos dos participantes, sobressaíram na composição do contexto.

A conclusão desse episódio marca o início da transição de um nível epistêmico abstrato para o mais concreto: os esquemas cognitivos estão em movimento de ressignificação. É um processo que os alunos não percorrem sozinhos, mas com a intervenção da professora, valendo-se do ambiente interacional. O processo de desenvolvimento de esquemas cognitivos requer a concentração dos alunos, não para memorizarem os conteúdos (letramento nominal), mas para conferirem um significado. As estratégias propostas para o letramento científico têm este objetivo: a ressignificação.

Antes de avançar no processo de construção do conhecimento científico, a professora conduz, cuidadosamente, a sua aula, integrando o letramento científico ao processo de alfabetização. Contribuem para o sucesso do seu trabalho como agente letrador a sua conduta de escuta e o seu conhecimento sobre a construção da consciência fonológica. Ela faz uso de estratégias que garantem o tempo aos alunos e lhes respeitam o ritmo próprio da aprendizagem.

Nos turnos (57) – (66), os alunos chegam ao conteúdo específico da aula. A professora vai até o quadro-giz para escrever a palavra "tuberculose". A palavra é nova, complexa e extensa. Ao escrevê-la no quadro-giz, a professora respeita o nível cognitivo dos alunos e integra o conteúdo de Ciências Naturais à Alfabetização.

Veremos, a seguir, estratégias de construção da consciência fono-lógica. A professora inicia empregando estratégias de análise da palavra "tuberculose" que antecedem as estratégias de síntese (que é uma ativi-dade mais complexa). Isso facilita o primeiro contato dos alunos com a palavra, ajudando-os a compreender que as palavras são compostas de uma sequência de fonemas isolados.

Nos turnos (67) – (83), os alunos estão desenvolvendo a consciência fonêmica, compreendendo como funciona o princípio alfabético com o monitoramento da professora.

Especialmente nesses turnos, a professora separa os fonemas em sequência, fornecendo andaimes, pistas para que os alunos aprendam a associar os fonemas às letras.

Essas estratégias de análise não serão concluídas apenas nessa pri-meira aula. O objetivo é a introdução da consciência fonêmica da palavra "tuberculose". Na fase seguinte, será trabalhada a consciência silábica.

67. P – Bom! Essa palavra é grande ou pequena?
68. A – + (Todos) Grande!
69. P – Crianças! Vamos ver quantas letrinhas tem esta palavra T U B E R C U L O S E?
70. A – ++ Cinco, tia!
71. P – Será? Vamos ver?
72. A – ++ (M) Dez letrinhas.
73. P – Ah! Vamos confirmar!

[Escreve em letra tipográfica no quadro-giz e pede que os alunos leiam.]

74. A – ++ (Todos) T-u-b-e-r-c-u-l-o-s-A

A professora fornece um andaime ao pedir que os alunos repitam e pres-tem atenção ao som final.

75. P – Não! De novo! T-u-b-e-r-c-u-l-o-s-E
76. P – Isso mesmo!

116 FORMAÇÃO DO PROFESSOR COMO AGENTE LETRADOR

77. P – Agora, vamos confirmar quantas letrinhas...
78. A – +Dez letrinhas!
79. P – Não! Novamente, vamos ler!
80. A – t u b e r c u l o s **E**
    1, 2, 3, 4, 5, 6, 7, 8, 9, 10, 11

[Numera as letras uma a uma, respectivamente.]

81. P – Muito bem!
82. A – ++ Tia, onze letrinhas?
83. P – Isso! Onze letrinhas.

É fundamental, na construção do princípio alfabético, que os alunos compreendam que os fonemas são unidades de fala representadas por letras de uma escrita alfabética. Dessa forma, a professora faz um trabalho incansável para que os alunos aprendam a separar esses sons uns dos outros e a categorizá-los.

Nos turnos (84) – (94), a análise é ampliada e os andaimes são fornecidos, na tentativa de mostrar aos alunos que os fonemas não são pronunciados separadamente uns dos outros, mas são coarticulados. Isso significa que os esquemas cognitivos dos alunos foram desafiados a juntar os fonemas em uma unidade silábica.

84. P – Vamos ver quantos pedacinhos?

[A palavra está escrita no quadro-giz.]

85. A – ++ Cinco pedacinhos, professora!
86. P – Bom! Agora que vocês falaram quantos pedacinhos tem a palavra "tuberculose", quero ver todos falando bem devagar. Quantas letrinhas e quantos pedacinhos tem essa palavra "tuberculose"?

Os alunos pronunciam escandindo as sílabas. Eles estão sendo desafiados a usar os esquemas cognitivos para juntar os fonemas em unidades silábicas. A ZDP está sendo ampliada.

87. A – ++ Professora, tem onze letrinhas e cinco pedacinhos.

Apoiados nos turnos anteriores, os alunos demonstram que estão construindo a consciência fonológica.

88. P – (L), para de brincar com o giz!

A professora exerce o seu papel social dentro da sala de aula e fornece um andaime nomeando o aluno e convidando-o à aula.

89. P – Quantas letrinhas e quantos pedacinhos tem a palavra tuberculose?
90. A – +++ (L) Professora, tem onze letrinhas e cinco pedacinhos.
91. P – Todos lendo com a professora.

A professora afixa letra por letra (fichas didáticas) no quadro-giz. Ao afixá-las, fornece andaime aos alunos, pedindo que pronunciem as letras separadamente para que percebam como as sílabas são formadas.

92. A – + TUBERCULOSE

Fichas didáticas fixadas ao quadro-giz demonstram o trabalho de construção da consciência fonêmica e da consciência silábica, assim como distinção entre os fonemas e as sílabas e a distinção entre letras, fonemas e sílabas.

Nos turnos (95) – (105), os alunos aprendem a separar um som do outro e a categorizá-los, construindo progressivamente o princípio alfabético. Compreendem como as palavras são escritas e o valor sonoro das letras. Cada som é representado por uma letra. Essa aprendizagem fonêmica serve de conhecimento prévio para os alunos atentarem para a existência de letras que são usadas, ora uma ora outra, para representar o mesmo som.

93. P – Ah! Olha o Z!
94. P – Bom! Crianças, olhem só, existem palavras com som de Z, mas escreve com S.
95. P – Fala (A) – Existem palavrinhas com Z e S
96. A – +++ Com Z e com S...

A construção dessa resposta, aparentemente simples, é complexa e passa por um processo de ampliação da ZDP: o aluno aprendeu que existem duas letras que são usadas para representar o mesmo som.

97. P – Muito bem! Tem palavras com o som de Z, mas quando escrevemos, escreve com a letra S.

A professora promove um andaime com a expressão positiva diante da contribuição correta do aluno.

98. P – (B) que letrinha é essa?

[A professora aponta o "S".]

99. A – ++ (B) É o ESSE.
100. P – Muito bem!
101. P – Então vamos ler com a professora: TUBERCULOSE
102. P – Agora quantas letrinhas tem? Todos contando...
103. A – +++ Um, dois, três, quatro, cinco, seis, sete, oito, nove, dez, onze. Onze letrinhas, tia!

Nos turnos (105) – (138), os alunos constroem progressivamente o princípio alfabético.

104. P – Quantos pedacinhos?
105. A – + TU- BER- CU- LO- SE. Cinco pedacinhos, professora!
106. P – O "TU", quantas vezes abrimos a boquinha? Quantas letrinhas tem?

107. A – + Abrimos uma vez a boca e tem duas letrinhas.
108. P – Isso! É o primeiro pedacinho da palavra "TUBERCULOSE".

A professora usa as fichas como andaimes.

[Inicialmente nos turnos (108) – (117), são trabalhadas especialmente as estratégias para a construção silábica. A professora amplia o recurso didático com fichas que serão empregadas como andaimes na construção desse processo – Imagem 3.]

109. P – E para falar "BER", quero ver todos falando "BER"!
110. A – + BER!
111. P – Quantas vezes abrimos a boca "BER"? A professora abriu a boca, quantas vezes para falar "BER"? E tem quantas letrinhas?
112. A – ++ (K) Professora, uma vez, mas tem três letrinhas!
113. P– Todos concordam! Muito bem! Aqui é o segundo pedacinho da palavra "TUBERCULOSE".
114. P – E aqui para dizer "CU", quantas vezes abrimos a boquinha? Tem quantas letrinhas?
115. P – Isso! Então forma aqui o terceiro pedacinho?
116. A – +++ Três pedacinhos.
117. P – E· aqui para formar esse pedacinho?
118. A – ++ É o "LO".
119. P – Isso! Quantas vezes abrimos a boquinha? Tem quantas letrinhas?
120. P – Quero ouvir o (E).

A professora promove um andaime nomeando o aluno e trazendo-o para participar da aula.

121. A – ++ (E) Uma vez e tem duas letrinhas.
122. P – Muito bem (E)! Todos concordam?
123. A – Sim!
124. P – Muito bem! E o quarto pedacinho!
125. P – Olha aqui, vai formar outro pedacinho!
126. A – ++ É o "SE".
127. P – Quantas vezes abrimos a boquinha para falar "SE"? Tem quantas letrinhas?
128. P – (K) abre a boquinha e fala!
129. A – +++ (K) Uma vez e tem duas letras.
130. P – Qual pedacinho?
131. A – ++ (K) É o "SE".
132. P – Tem quantos pedacinhos mesmo, a palavra?

133. A – Cinco pedacinhos, professora!
134. P – Isso, quantas letrinhas tem a palavra "TUBERCULOSE"?
135. A – +++ Onze letrinhas.

Especialmente nos turnos (112), (116), (120), (129), (133), os alunos demonstram que estão compreendendo como funciona o princípio alfabético.

136. P – Muito bem! Agora que vocês já descobriram quantos pedacinhos tem a palavra "TUBERCULOSE" vou contar para vocês o nome desses pedacinhos.

[A professora introduz a palavra "sílaba" e faz a relação entre os pedacinhos e a construção silábica.]

137. P – Bom! Agora que vocês já descobriram quantas sílabas e quantas letrinhas tem a palavra "TUBERCULOSE", vou contar uma história para vocês sobre essa doença.

Passaremos agora à microanálise da segunda aula sobre o tema da tuberculose. Como em outros contextos de histórias e leituras, a professora organiza a sala para garantir que todos os alunos possam falar, ser ouvidos e visualizar as gravuras do livro que será lido: "Educando o cidadão sobre a tuberculose" da Fundação Nacional de Saúde – Vigilância Epidemiológica (Funasa – Ministério da Saúde).

Protocolo da 2ª aula

1. P – Hoje nós vamos recordar a aula de ontem. Vamos primeiro ver quem se lembra dos combinados.

A palavra "recordar" é uma estratégia de andaimagem que permite uma inferência dos alunos, confirmando regras de sociabilização já definidas e conhecidas pelo grupo.

[A professora prossegue com o diálogo.]
2. P – Quem é que gosta de historinha?

A leitura informativa é tratada pelo grupo como "historinha da tuberculose". O emprego do termo "historinha" configura uma estratégia de envolvimento afetivo (aspecto não cognitivo) como motivação para a aprendizagem (aspectos cognitivos).

3. A – Eu! Eu!
4. P – Vou contar para vocês, tudo bem?
5. A – Tudo!
6. P – Agora, todos bem educados que a professora vai iniciar!
7. A – (S) Professora, vou deitar aqui!
8. P – Deitar não, tá! Nos queremos ver o seu rostinho, tudo bem?

A professora fornece andaime através da impostação da voz e da ação responsiva ao aluno, incluindo-o no grupo e mostrando a sua importância no evento.

9. P– Olha esse livrinho crianças! Olha o mapa do Brasil. Atrás do mapa tem um desenho!

A professora, ao utilizar-se da história, propicia aos alunos o contato com textos verbal e não verbal, contínuos e não contínuos, preparando-os para a participação em outras práticas sociais letradas.

Imagem 4

Livro da Funasa - Leitura. Fonte: FNS, s.d.

10. A – (H) Um pulmão da gente.
11. P – Muito bem (H)! Olha atrás do mapinha tem os pulmões esquerdo e direito.
12. P – Quantos pulmões que nós temos?

13. P – Olha só crianças, para escrever esse livrinho, foram várias pessoas: Carlos José de Lima Barbosa, o primeiro autor; Kátia Oliveira Machado, a segunda autora.

[A professora continua lendo e fornecendo o nome dos autores.]

A identificação de características editoriais contribui para os alunos reconhecerem gêneros textuais.

14. P – Agora vou fazer perguntas para vocês. "Qual" é o autor ou "quais" são os autores?

A professora chama atenção para o "plural", aproveitando a oportunidade para revisar com os alunos conhecimentos de morfologia.

15. A – Os autores são...!

Os alunos demonstram conhecimento sobre o uso do plural.

16. P – Isso! É mais de um.
17. P – Muito bem!
18. P – Toda história tem um título. O título é o primeiro.
19. P – O título aqui é de uma história ou do poema?
20. A – É da história.
21. P – Isso! O título é "Educando o cidadão sobre a TUBERCULOSE".

A professora está ajudando os alunos a identificar as características editoriais e textuais.

22. P – Esse livrinho veio para nossa escola para nós ficarmos sabendo, o quê? Qual é o nome da doença que está no quadro?
23. A – TUBERCULOSE.
24. P – Isso! O que vem a ser TUBERCULOSE e como se prevenir dessa doença para não pegar em ninguém, não é mesmo! Vamos ler?

A professora lê a história e faz pausas para comentar as informações implícitas e explícitas do texto e também para os alunos observarem as gravuras dos pulmões que estão sendo passadas pelo círculo. Todos observam o material.

Imagem 5

Observação durante discurso explicativo da professora

A leitura informativa é uma estratégia de andaimagem que amplia a ZDP dos alunos. Eles se apropriam das informações científicas, ampliando o repertório sobre textos contínuos e não contínuos. A professora continua fornecendo andaimes através da leitura do texto e de gravuras, ajudando os alunos a se tornarem leitores competentes.

25. P – O que é TUBERCULOSE? É uma doença contagiosa que ataca principalmente os pulmões. Onde ficam os pulmões?

Imagem 6

Durante a leitura do texto, a observação dos pulmões na gravura permite que os alunos localizem a posição dos pulmões no próprio corpo

26. P – A TUBERCULOSE é uma doença contagiosa e perigosa, mas tem cura se procurar o posto de saúde.
27. P – O que é uma doença contagiosa? Como é transmitida a TUBERCULOSE?

[A professora explica o que é doença contagiosa, especialmente a tuberculose.]

28. P – É uma doença transmitida de uma pessoa para outra através da tosse, espirro ou fala. Quando uma pessoa fala bem pertinho da outra, você não sabe se a pessoa está doente, e pode pegar se estiver bem próxima. Nós vamos aprender mais sobre o que é doença contagiosa.

O diálogo continua por vários turnos como estratégia de construção do conhecimento científico.

[Durante o recreio a professora organiza a sala de aula, e as carteiras são alinhadas de duas em duas. Na volta, os alunos, sentados em dupla, receberam 1/4 da folha de cartolina para representar com desenho o tema trabalhado. No caso, a sistematização foi a ilustração dos pulmões sadios e dos pulmões com a doença de tuberculose. As duplas trocam informações, definindo quem vai desenhar o pulmão sadio e quem vai desenhar o doente.]

29. P– Vou entregar para vocês as cartolinas para desenharem os pulmões.

[A professora presta assistência dirigindo-se a cada aluno.]

30. S – O que você está desenhando?
31. A – (G) Eu estou desenhando o pulmão.

Imagem 7

Sistematização pelos desenhos

32. P – O que você está desenhando mesmo?
33. A – (G) Pulmões
34. P – Por que assim?
35. A – (G) Porque tem dois.
36. S – Muito bem!
37. P – E essas bolinhas aí no desenho?
38. A – (G) É doenças
39. P – Como chama a doença que vocês aprenderam hoje?
40. A – (G) TUBERCULOSE.
41. P – Muito bem!

[A professora segue prestando assistência às duplas até a conclusão da atividade com a apresentação dos desenhos à frente da sala seguida de exposição no mural da escola.]

Imagem 8

Prática de Letramento Científico – sistematização: desenho dos pulmões

Protocolo da 3ª aula

O protocolo a seguir refere-se à terceira aula sobre a tuberculose. O objetivo específico é caracterizá-la como doença contagiosa.

1. P – Para começar a nossa aula, primeiro a oração, Pai Nosso.

[Todos os alunos, em pé, fazem a oração do Pai Nosso.]

2. P – Vou passar a rotina do dia, o que vai acontecer hoje.
3. P – Hoje é?
4. A – ++ Terça-feira.
5. P – Amanhã será?
6. A – ++ Quarta-feira.
7. P – Data. Como escreve data?
8. A – +++ D A T A
9. P – Muito bem!
10. P – Dezenove do mês seis. Por que seis, vamos saber?
11. A – ++ Janeiro (1), Fevereiro (2), Março (3), Abril (4), Maio (5) e Junho (6).

[A professora vai até o calendário para recapitular os meses do ano.]

12. P – Paramos no seis, que é o junho!
13. P – Como escreve "hoje"?
14. A – ++ (L) Com o H-o-j-e.
15. P – Isso!
16. P – Posso escrever "FEIRA" emendado?

17. A – ++ Não, tia!
18. P – Muito bem!
19. P – E para formar "terça", o que precisa ter?
20. A – +++ Ce, ce, dilha.
21. P – Muito bem! Cedilha, porque senão fica **terca**, e o certo é terça-feira.
22. P – Vamos ler a rotina:
    - Hora de aprender sobre a TUBERCULOSE;
    - Construir palavras;
    - Recreio;
    - Tarefa.

23. P – Sobre a nossa aula de ontem o que estudamos? Qual é a doença mesmo?

[A professora ajuda os alunos com pistas a inferirem sobre o conteúdo da aula.]

24. P – Todos respirando e inspirando, para sentir os pulmões.
25. A – ++ TUBERCULOSE.

[A professora reutiliza as fichas para analisar a palavra.]

26. P – Isso!
27. P – Quantas sílabas tem a palavra?

[Nos turnos (28) – (74) a professora reutiliza as fichas para analisar a palavra TUBERCULOSE.]

75. P – Muito bem! Agora vou colar algumas gravuras no quadro. Vocês estão vendo quantos pulmões?

Imagem 9

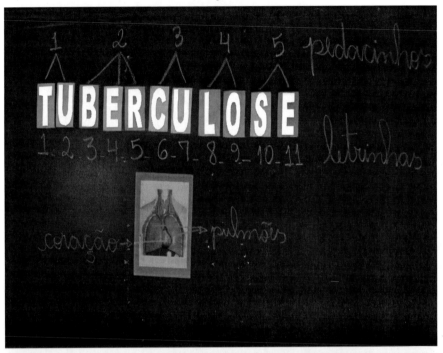

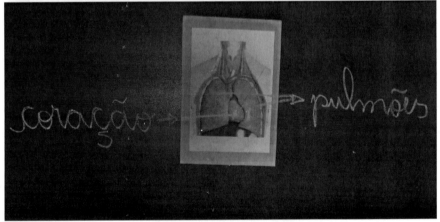

Andaimes: recapitulação contínua

76. A – ++ Dois pulmão.
77. P – Isso! Dois pulmões.
78. P – Será onde está o pulmão?
79. P – Quando sabemos se a pessoa está com TUBERCULOSE?
80. P – Como a pessoa fica?
81. A – ++ Fraco.

82. P – Muito bem! Mas, só?

83. A – ++ (A) Tosse muito.

84. P – Olha, (AP) falou o seguinte: a pessoa quando está com o sintoma da TUBERCULOSE a pessoa tosse. Ela tosse pouquinho ou muito?

85. P – O que é sintoma? [explica]

86. P – Isso! Então um sintoma é que tosse muito? Sim ou não?

87. A – ++ Sim, tosse.

88. P– Realmente, quando a pessoa está com sintoma da doença tosse muito. Agora, vou escrever "tosse". Quantas vezes abrimos a boquinha? Quantas letrinhas tem?

89. A – ++ Duas vezes e tem cinco letrinhas.

90. P – A pessoa fica o que mais?

91. A – +++ Fraco e magro.

92. P – Muito bem! Magro, quantas vezes abrimos à boca? E tem quantas letrinhas?

93. A – + Duas vezes e tem cinco letrinhas.

[Nos turnos (94) – (100) a professora prossegue levantando os sintomas da doença com os alunos, escrevendo no quadro-giz, ajudando-os no processamento fonológico das palavras: "fraco", "magro", "catarro".]

101. P – Agora, outro momento da nossa aula, vou distribuir o alfabeto móvel e a cartela alfabética.

[A professora distribui para os alunos envelopes contendo o alfabeto móvel e a cartela alfabética, e, após recordarem a aula anterior com perguntas sobre a doença tuberculose, a professora dá início à sistematização do conteúdo.]

102. P – (L), qual a palavrinha que você formou?

103. A – ++ (L) TUBERCULOSE.

104. P – Mostra onde você formou TU.

105. A – + (L) Aqui TU.

106. P – Isso! Agora mostra TUBER, vai até onde?

107. A – + (L) TUBERCULOSE.

108. P – Quantas sílabas tem a palavra?

109. A – ++ (L) Cinco.

110. P – Quantas letrinhas?

111. A – ++ (L) Tem onze.

[A professora vai a cada dupla e presta a assistência necessária para que os alunos possam formar suas palavras compreendendo o princípio alfabético.]

As pesquisas revelam que não bastam algumas atividades (superficiais) para que a construção da aprendizagem se efetive. A professora, após sistematizar no quadro-giz a lista de palavras relativas aos sintomas da doença, distribui os envelopes com o alfabeto móvel para os alunos construírem palavras relativas à doença. Só então conclui a unidade com a construção de frase e a produção do texto, como sistematização total, configurando uma prática de letramento científico.

Etnografia de uma prática de letramento científico (3)

Letramento científico

A prática de letramento científico transcrita neste protocolo refere-se a uma unidade mais extensa trabalhada pela mesma professora que ministrou as aulas de letramento científico já descritas. Trata dos seres vivos animais e vegetais. O tema abordado é a "Metamorfose da borboleta". O propósito central das estratégias desenvolvidas em sala de aula convergiu para a contextualização e a integração do ensino das Ciências Naturais ao processo de alfabetizar letrando.

As estratégias planejadas pela professora foram dinâmicas e problematizadoras. Valendo-se de atividades e recursos diversificados, como jogos, fichas didáticas, leituras, observação direta e indireta e experimentos, conduzindo eventos de letramento oral e escrito e promovendo verbalização significativa, discurso explicativo, sociabilização entre os alunos, sistematizações através de desenhos e textos diversos, a professora obteve bons resultados na aprendizagem de seus alunos.

Ao desenvolver essas estratégias, a professora cuidadosamente vai produzindo andaimes em intervenções contínuas e diretas, o que favorece a aprendizagem de forma simples e motivadora.

A evolução desse trabalho poderá ser acompanhada em cada aula, em cada episódio, que serão descritos neste capítulo. A unidade foi integralmente concluída em um conjunto de seis aulas.

Protocolo da 1ª aula

A primeira aula refere-se à introdução do tema sobre a metamorfose da borboleta e teve por objetivos:

- Introduzir o conteúdo da transformação da borboleta;
- Ampliar a análise e a síntese da segmentação fonêmica da palavra "borboleta";
- Conhecer a letra específica pela qual cada fonema é representado na palavra;
- Compreender que a sequência de fonemas compõe uma sílaba.

Inicialmente, a professora apresenta o tema da aula para os alunos:

1. P – Hoje nós vamos "relembrar" a aula sobre as borboletas e aprender um pouquinho mais.

A professora, ao usar a palavra "relembrar", fornece uma pista, indica que o tema "As borboletas", já trabalhado em outra aula, será retomado.

[O aluno aponta o poema "As borboletas", de Vinícius de Moraes, que está anexado em um cartaz na parede.]

2. P – Isso mesmo! "As borboletas", de Vinícius de Moraes.

A professora constrói *andaimes* mediante expressão positiva, entonação e aceno de cabeça.

3. P – Vocês já viram uma borboleta de verdade? Onde elas vivem?

A professora aproveita a motivação dos alunos para investigar o *conhecimento intuitivo* dos alunos adquirido pela vivência acerca do tema.

4. A (MJ) – Eu! As borboletas ficam nas flores.

A aluna demonstra conhecimento empírico sobre o habitat das borboletas.

5. P – Olha o que a MJ disse para nós. Muito bem, MJ! As borboletas ficam nas flores.

A professora promove uma *ação responsiva ratificadora*, diante da fala da aluna.

6. P – Será que todas as borboletas nascem bonitas? Quando elas nascem, são bonitas?
7. A (L) – Sim, elas são bonitas e nasce bonita.
8. P – Será que elas são todas bonitas? Nascem bonitas? Mesmo ao nascer são bonitas?
9. A (L) – Sim! Nasce! São todas bonitas.
10. P – Olha só o que a L falou: Ela está afirmando que todas as borboletas nascem bonitas! Vocês concordam?

A professora fornece *andaimes* mediante *ações responsivas*; ao repetir a fala da aluna, motiva a sua participação.

11. A – Concorda.
12. P – Ah! Nós vamos saber mais sobre isso!...

As respostas dos alunos demonstram exatamente a distância entre o *nível real e o potencial,* conforme Vygotsky, 1991. Há um modelo pertinente à lógica dos alunos, e o outro, fornecido pelas Ciências Naturais, é o objetivo da aula: a metamorfose da borboleta.

13. P – Muito bem! Mas, vamos ver como se escreve a palavra "borboleta"?

Ocorre na sala de aula um *trabalho interdisciplinar,* que rompe com as grades do ensino de Ciências, normalmente asséptico. A construção do conhecimento exige isso. A professora usa a aula de Ciências Naturais para introduzir a palavra geradora contextualizada e alfabetizar letrando.

14. A – Vamos!
15. P – Vamos pronunciá-la devagar?

[Os alunos pronunciam a palavra, escandindo as sílabas: bor-bo-le-ta.]

Os alunos usam sua consciência fonêmica e ampliam a sua compreensão de como funciona o princípio alfabético.

16. P – Quantas vezes abrimos a boquinha para pronunciar "bor bo le ta"?

[Novamente os alunos repetem a palavra borboleta escandindo as sílabas: bor-bo-le-ta.]

A professora monitora a construção da consciência silábica. Os alunos realizam uma atividade de análise. Aprendem que as palavras podem ser divididas em partes (sílabas).

17. A – Quatro vezes, professora!

Os alunos mostram que houve aprendizagem.

18. P – E para escrever "borboleta", será que vamos precisar de quantas letrinhas?

As perguntas que se seguem têm o objetivo de investigar o nível conceitual dos alunos a respeito do funcionamento do princípio alfabético.

19. P – A palavra é borboleta. Vamos escrever a primeira sílaba?

[Fixa no quadro-giz uma ficha com a sílaba "bor".]

20. P – Quantas letrinhas tem esta sílaba?

[A professora aponta o dedo para a sílaba "bor".]

O objetivo da professora é que os alunos compreendam que as letras na palavra representam as sequências de fonemas. Ela trabalha a relação letra-fonema.

21. A – Três. Três. Três.

A resposta dos alunos demonstra que estão realizando análise e síntese (letra-fonema-sílaba).

22. P – A palavra é "borboleta".

[Volta ao quadro-giz e acrescenta mais uma ficha com a sílaba "bo".]

23. P – E agora, essa outra sílaba é igual à primeira?

A professora investiga a capacidade de análise dos alunos em acrescentar e retirar letras, associando fala e escrita.

[Repetem: "Bo"! "Bo"!]

24. P – Mas esse "bo" é igual a esse aqui?

[A professora volta ao quadro-giz e mostra a sílaba "bor".]

Ao responder corretamente, os alunos demonstram que estão construindo a consciência silábica.

25. P – Isso! Uma vez, igual o primeiro, mas esse "bo" é igual ao "bor"?

[A professora volta ao quadro, mostra a sílaba "bor" e volta a perguntar.]

26. P – Esse aqui é igual a esse aqui "bo"?

A professora fornece andaimes e desenvolve a ZDP dos alunos. Os esquemas cognitivos estão em movimento de ressignificação. Os alunos demonstram aprendizagem, capacidade de concentrarem nas partes, analisar fonemas distintos e estabelecer relação com as sílabas.

27. P – Vamos ler a palavra em construção bor bo. E agora o que está faltando?
28. A – O "le". O "le", professora.
29. P – Vamos pronunciar.

A professora afixa a ficha "le" e pede que os alunos leiam. Essa estratégia de análise e síntese da palavra borboleta prossegue até a última sílaba da palavra. A estratégia para a construção da consciência fonêmica é concluída quando os alunos conseguem reconhecer quantos foram os fonemas e quais as letras que os representaram na palavra /b/ /o/ /r/ /b/ /o/ /l/ /e/ /t/ /a/. Observamos nesse protocolo que os alunos usam a consciência fonêmica para compreender o princípio alfabético. Aprenderam que a sílaba é formada por letras que representam os fonemas (letras são signos dos fonemas). A unidade silábica pode ser representada com duas ou mais letras. Estão sendo alfabetizados com consciência reflexiva. Compreendendo a natureza do sistema da língua, poderão avançar com segurança no seu processo de alfabetização. A palavra geradora "borboleta" tornou-se significativa para desenvolver as estratégias de análise e síntese, já que partiu do contexto da sala de aula, permitindo que o ensino de Ciências Naturais se mantivesse integrado à alfabetização e fosse retomado e ampliado nas próximas aulas.

Os alunos, nessa primeira aula, demonstram conhecimento empírico sobre o habitat das borboletas, o que tem relevância para a dinâmica do processo, pois desenha a distância entre conhecimento cotidiano em relação ao conhecimento formal a ser construído. Os episódios revelam um trabalho interdisciplinar, contextualizado, capaz de integrar o ensino das Ciências Naturais ao processo de alfabetizar letrando.

PROTOCOLO DA 2ª AULA

A análise a seguir refere-se à segunda aula sobre a metamorfose da borboleta, com foco no conteúdo de Ciências Naturais. Seus objetivos foram:

- Compreender o processo de metamorfose da borboleta;
- Conhecer a importância da borboleta para o meio ambiente;
- Construir valores e atitudes de apreço à natureza.

A professora dá prosseguimento à aula e convida os alunos para sentarem-se em círculo. Organiza a sala para possibilitar que todos possam falar, sejam ouvidos e visualizem as gravuras do livro da história que será contada.
[Falando para todos os alunos.]

1. P – Agora vamos ouvir uma linda historinha!

[Faz uma breve pausa, olha para os alunos e pergunta.]

A professora faz essa pausa para que os alunos, enquanto falantes-ouvintes primários, ouçam-na e lhe respondam nos turnos (2) e (5).

2. Como os alunos da professora (N) vão proceder para ouvir a historinha?

A professora, ao utilizar-se da história, dá aos alunos a oportunidade do contato com textos verbais e não verbais, preparando-os para a participação em outras práticas sociais letradas.

3. P – Vamos ouvir a professora? Quando uma pessoa fala...

A professora organiza a estrutura de participação em sua sala de aula. Para isso define papéis sociais, prerrogativas e obrigações.

4. A – O outro escuta.

A professora constrói um andaime, permitindo que os alunos complementem seu turno, confirmando regras de sociabilização já definidas pelo grupo.

[A professora retoma o início da aula.]

5.   P – Vamos relembrar o início da aula de hoje?

A professora, ao usar a palavra "relembrar", fornece aos alunos uma pista de contextualização. Com o transcorrer da aula, foi preciso indicar aos alunos que o conteúdo seria retomado, conduzindo-os ao objetivo inicial.

6.   P – Vocês falaram que todas as borboletas nascem bonitas. Concordam?
7.   A – Concordamos.

O diagnóstico inicial indica à professora que esse conceito deverá ser reconceptualizado. Para isso, a professora usa a história como um dos procedimentos de busca de informações e ampliação do conhecimento prévio.

8.   P – Nós vamos ver isso e descobrir uma novidade. Vamos ouvir a historinha? Hoje eu trouxe para vocês uma linda história. Sabem o nome dela? "A borboleta e o grilo", e a autora é Jerusa Rodrigues Pinto. Olha a capa do livro.

[Mostra a capa e lê pausadamente o nome da história apontando cada palavra do título: "A borboleta e o grilo".]

A professora fornece uma pista de contextualização. Faz a pergunta e a responde imediatamente, permitindo que os alunos construam juntos o discurso.

9.   A – A borboleta está bonita, bonita, muito bonita!
10.   P – Vamos ver se realmente ela nasceu assim? Como será que a borboleta nasce?

A professora apresenta um problema para os alunos, cuja solução passa pela busca de novas informações, no caso, a história.

[A professora inicia a leitura da história, faz pausas para comentar com os alunos trechos da história. Constrói andaimes, permitindo que os alunos completem sua fala, e prossegue.]

11. P – Olha, a borboleta tem nome também! O nome próprio dela
é... Qual é o nome próprio dela?

Nesse momento a professora utiliza-se de um evento conhecido por IRA.
Inicia (I) com uma pergunta retórica, os alunos imediatamente respondem-
na (R), e a professora avalia (A) a resposta, que, no caso, não precisa de
correção. A resposta dos alunos indica que eles sabem o que significa,
na gramática da língua portuguesa, o conceito "nome próprio".

12. A – Leleca.

[A professora continua a história.]

A borboleta está sobre uma linda flor.
O grilo Cricri chegou e ficou encantado com a beleza da borboleta.

13. P – O grilo tem nome?
14. A – Tem, Cricri.

A professora utiliza o recurso de andaimagem. Ela motiva a participação
dos alunos com a pergunta, garantindo a atenção e envolvimento com
a história.

15. P – Continua... Cricri...

Os alunos constroem conhecimento a respeito de formalidade da língua
por meio do diálogo entre o grilo e a borboleta. O ensino de Ciências
Naturais contribui para o letramento em leitura.

16. P – Continua a história.
   – *Como você é linda! Eu queria ser como você!*
   Leleca com pena do grilo respondeu:
   – *Você acha que eu sempre fui bonita? Você quer conhecer*
   a minha história?

[A professora mostra as gravuras do livro, prossegue com a história
fazendo perguntas, promovendo condições de os alunos participarem
como narradores.]

17. P – Leleca começou a contar a sua história.
   – *Eu nasci do ovo bem pequenininho.*

[A professora mostra a página do livro com o ovo e várias lagartas. Chama a atenção das crianças. A professora mostra a lagarta e comenta o que é uma lagarta.]

A professora, tendo comentado o que são lagartas, dá ênfase ao sintagma "várias lagartas", que é a fase anterior da futura borboleta.

18. A – Nossa! Isso que é lagarta? É feia!

[Os alunos fazem comentários.]

19. P – Olha a Leleca como ela era.

[A professora mostra novamente a lagarta.]

O andaime fornecido pela professora permite que os alunos construam a inferência de que a lagarta é a futura borboleta. A professora cria, por meio da leitura da história, uma situação que permite aos alunos integrarem suas ideias prévias às novas informações. A ZDP dos alunos está em movimento de ressignificação.

[Os alunos fazem comentários rápidos e continuam a ouvir a história atentamente.]

A professora exerce o papel de mediadora, permitindo que os alunos confrontem suas representações iniciais com os novos conceitos, gerando ideias cada vez mais elaboradas.

20. P – Ela ficou gordinha, de tanto comer formigas e depois virou um casulo.

[A professora explica as gravuras e mostra o casulo.]

O conhecimento está sendo progressivamente construído, em coerência com o nível de compreensão dos alunos. Conforme Vygotsky (1991), é considerando o nível de desenvolvimento potencial (NDP) que se intervém na ZDP.

 [A professora continua a leitura reproduzindo a fala de Leleca.]

 – *Eu fiquei apertada dentro dele, mas não importava, pois eu estava me trans-for-man-do* (escandindo as sílabas). *Passando pela me-ta-mor-fo-se.*

A professora está ampliando a ZDP dos alunos, introduzindo o conceito científico. Não se trata apenas de informação, mas de possibilitar que os alunos estabeleçam relação entre os dois conceitos "transformação" e "metamorfose".

21. P – Olha o que a Leleca falou:

[A professora faz uma pausa e chama a atenção dos alunos para a página do livro e para a informação.]

22. P – Olha o que ela falou [repete], ela se transformou, passando por uma me-ta-mor-fo-se [explica.]

Os esquemas cognitivos dos alunos, processadores das informações, estão em movimento de ressignificação. A professora faz a aproximação entre o nível de desenvolvimento real (NDR) e o nível de desenvolvimento potencial (NDP), atuando na ZDP por meio da verbalização significativa.

[Os alunos olham atentamente a gravura do livro e ouvem a explicação da professora. Um grupo de alunos fala: "Ela virou borboleta".]

Alguns alunos conseguem generalizar o significado de transformação e metamorfose. Ocorreu um andaime alunos-alunos. Essa informação será apropriada por outros alunos. Trata-se de uma evidência explícita de que a reconceptualização se processou, configurando prática de letramento científico.

23. P – Isso! A borboleta Leleca falou que estava passando por uma metamorfose [mostra o desenho do livro.] A borboleta Leleca [mostra o casulo] ficou vários dias aqui dentro, escurinho, apertadinha [entonação], pois aí ela estava se trans-for-man-do [fala pausadamente, usando tom baixo de voz], passando por uma me-ta-mor-fo-se.

A professora como mediadora retoma os eventos da história, a sequência cronológica, com o objetivo de organizar as novas aquisições, novos níveis conceituais.

24. A – Ela já virou borboleta.
25. P – Isso mesmo!

[A professora mostra a gravura.]

26. P – Olhem para ela.

[Mostra a gravura, no livro, e retoma a síntese da história apontando as gravuras do livro.]

27. P – Aí então...

[Os alunos respondem.]

28. P – Se transformou em uma linda borboleta.

Os alunos chegam a uma conclusão. O conhecimento foi construído interativamente durante o episódio da história. Ocorreu, portanto, uma prática de letramento científico.

29. P – E aí, o que aconteceu com a borboleta?
30. A – Saiu voando.

A resposta dos alunos indica que o objetivo da aula foi alcançado: novo conhecimento foi construído.

31. P – Isso mesmo! Saiu voando de flor em flor, procurando o néctar, docinho das flores.

A professora usa uma expressão coloquial própria do vocabulário dos alunos, para, em seguida definir, usando um léxico mais especializado, o conceito de "néctar".

[A professora faz uma pausa para explicar o significado de néctar.]

32. P – Néctar é um líquido adocicado que a flor tem, e a borboleta suga o néctar como seu alimento.
33. P – Olha só.

[Mostra o livro com a borboleta Leleca pousando sobre a flor.]

34. P – Vejam: ela sugou (bebeu) o néctar e carregou nas suas patinhas o pólen.

Para Vygotsky, a aprendizagem constrói níveis de desenvolvimento. Uma vez que a aprendizagem de metamorfose da borboleta foi construída, novas informações estão sendo agregadas. A história permite avançar com novas informações.

[A professora faz uma pausa para explicar o que é pólen. Mostra o livro para ajudar os alunos a compreenderem o que é pólen e a sua importância para o nascimento de outras florzinhas.]

35. P – O pólen que a borboleta leva de uma florzinha para outra faz nascer outras florzinhas.
36. P – Olha o que o grilo Cricri falou:
    – *Eu não teria tanta paciência* [a professora faz gestos com a mão.]
    Eu prefiro ser mesmo um grilo, um grilo verde.

O gesto de negação da professora, balançando com o indicador, é um andaime fornecido por uma pista de contextualização dando ênfase à fala do grilo e acionando os esquemas assimiladores que indicam como é difícil virar borboleta.

37. P – Viram que o grilo acabou que queria ser ele mesmo?
38. P – Cada um é como é!

[Os alunos fazem comentários.]

Os alunos estão construindo valores. Essa dimensão dos conteúdos também é objeto de ensino.

39. P – Viram a importância da borboleta para o meio ambiente?

Nos últimos quatro turnos, a professora faz perguntas acerca do que está implícito no texto, tornando-se mediadora na formação do leitor crítico.

40. P – E as borboletas prejudicam o meio ambiente?
41. A (MJ) – Não! Elas é boazinha.
42. P – Podemos estragar os casulos? Podemos?
    P – Não! Não!

[Os alunos respondem em uníssono.]

43. Muito bem! Então vamos nos preparar para o recreio?

Os alunos demonstram, por meio da avaliação informal da professora, que construíram o conhecimento factual relevante. Novas atitudes e valores foram construídos em relação ao homem e à natureza. Por excelência, houve uma prática de letramento científico.

Podemos observar que a ação pedagógica fundamentada nos princípios da Sociolinguística Interacional, nas estratégias de andaimes, contribuiu com o avanço da ZDP por meio da intervenção e do monitoramento cuidadoso da professora, favorecendo a construção do conceito científico.

Evidenciam-se também as etapas da metodologia problematizadora que foram orientadas pela teoria da aprendizagem de Vygotsky.

PROTOCOLO DA 3ª AULA

Veremos que a unidade sobre a metamorfose da borboleta prosseguiu em outras aulas, com observação indireta. A professora usou essa estratégia para facilitar a ressignificação do tema em estudo, em um processo contínuo de confronto e reafirmações de ideias.

O protocolo refere-se à estratégia de observação indireta sobre a metamorfose da borboleta ainda com foco no conteúdo de Ciências Naturais, assunto da terceira aula, cujos objetivos são:

- Observar as fases da metamorfose da borboleta;
- Reconhecer a importância da borboleta para o meio ambiente;
- Construir valores e atitudes de apreço à natureza.

O ensino de Ciências Naturais exige que o professor, ao definir o tema a ser investigado com a sua turma, conheça as possibilidades dos seus alunos para, a partir daí, definir estratégias facilitadoras para a reinterpretação do tema em estudo, em um processo contínuo de recapitulação, de confronto e reafirmações de ideias. São várias as estratégias de busca de informações, como observação, experimentação, leituras em fontes variadas, estudo do meio, entrevistas, excursões, vídeos, pesquisas diversas.

Estratégias hierarquizadas a partir das ideias já construídas são fundamentais para que os esquemas conceituais dos alunos possam confrontá-las e reconceptualizá-las. Para chegar até esta aula, a professora já introduziu:

a) a análise e a síntese da segmentação fonêmica da palavra "borboleta";
b) o conceito científico, através do texto literário "A borboleta e o grilo".

Essas estratégias, embora componham o processo, não foram suficientes do ponto de vista da construção de aprendizagem. Uma nova estratégia de busca de informações está sendo proposta pela professora. Trata-se da observação indireta.

A observação direta significa o contato dos alunos com o objeto de estudo: ovos, casulos vivos, folhas. Na falta desse material, a professora usou criatividade para propiciar a observação indireta, através de materiais confeccionados com massinha, adicionada aos recursos da natureza.

[A professora coloca uma mesa no centro da sala de aula com os recursos para a observação das fases da metamorfose da borboleta: vasos com plantas e folhas naturais, ovos, casulos secos e lagartas confeccionadas com massinha de modelar. Separa os grupos de alunos para iniciar a observação.]

A estratégia de observação produz melhores resultados quando os alunos podem ver e relatar o que veem. Para isso, a professora define a estrutura de participação ao administrar a tomada do piso pelos alunos e organizar sua sala em um ambiente favorável para a observação.

1. P – Vamos recordar a aula anterior? Contei para vocês a historinha da borboleta e o grilo. Lembram? As borboletas são todas bonitas quando nascem?

A professora, ao usar a palavra "recordar", fornece aos alunos uma pista de contextualização, indicando que o tema da aula anterior será retomado. Retoma assim o objetivo inicial.

2. A – Não.

Inicia-se aqui uma sequência de um evento de IRA. A resposta dos alunos indica que atingiram o objetivo inicial. Trata-se de uma avaliação diagnóstica.

3. P – Bom, por que não? Como as borboletas nascem? Vamos aprender melhor a metamorfose da borboleta?

A professora ratifica a participação dos alunos, estimulando-os para novas aquisições. Retoma o problema para iniciar a observação científica: olhar o conhecimento anterior com um novo olhar, ampliando a ZDP. A professora explica para o grupo, desenvolvendo novos andaimes que incidem sobre a ZDP.

4. P – Primeiro a borboleta nasce do ovo, olhem só:

[Mostra vários ovinhos de massinha fixados na folha de uma planta natural.]

5. P – A borboleta adulta vem, bota os ovinhos, os ovinhos crescem até rebentar e nasce a lagartinha.

[Mostra a lagartinha confeccionada de massinha e presa nos galhos da plantinha natural. Os alunos observam atentamente com olhos curiosos, trocam ideias entre si em voz baixa.]

Essa atitude dos alunos configura um piso paralelo de fala, muito importante para manter a motivação e fornecer indicações quanto à pertinência de suas ideias na frente de outros colegas. Interativamente, os conceitos dos alunos sobre as fases da metamorfose vão sendo reconceptualizados.

6. P – Vamos ver se estamos compreendendo. Como se chama esse processo que estamos estudando? Então, como se chama esse processo?
7. A – METAMORFOSE.
8. P – Olha, todos estão vendo estes ovinhos... Ah!
9. P – Depois que a borboleta põe esses ovinhos, eles rebentam e nasce a lagarta.
10. P – Depois dos ovinhos nasce o quê?

Novo turno de uma sequência de IRA. A professora avalia a resposta e a expande com novo turno.

11. A – (AP) A lagarta.

O aluno (AP) assume o piso, fornece a resposta adequada, confirma a sua aprendizagem. A avaliação diagnóstica vai-se processando.

12. P – Ela nasce grande?
13. A – (N) Não! Pequena.

Novamente o aluno toma o piso e responde corretamente. Confirma a aprendizagem. Estamos diante de uma evidência explícita de que houve aprendizagem.

14. P – A lagartinha vai crescendo, engordando e quando chega o momento que ela não cresce mais, ela vai construir uma casinha. Quem sabe como vai se chamar a casinha da lagarta?
15. A – Casulo [uníssono]

Os alunos, ao responderem "casulo", estão recuperando o estudo anterior (historinha) e ressignificando as fases de transformação da borboleta.

16. P – Isso, muito bem! Olha aqui. Olha a casinha que a lagarta constrói que se chama casulo... Aqui.

[Mostra o casulo confeccionado de massinha – na mesa estão os casulos secos, mas a professora nesse momento opta por não utilizá-los.]

A professora inicia outra sequência de turnos até a sistematização total da compreensão da metamorfose.

17. P – A borboleta vai construir a casinha, entrar e ficar lá dentro.
18. P – Ela vai ficar na casinha por alguns dias, lá é escurinho?

Inicia nova sequência de IRA. A professora, nos últimos turnos, exerce seu papel de mediadora e retoma a sequência cronológica dos fatos científicos sobre a metamorfose da borboleta, usando material concreto para evidenciar melhor cada fase da metamorfose.

19. A – (W) É. + É escuro e apertado.

O aluno toma o piso e fornece uma resposta correta que a professora acata com uma nova pergunta que funciona como uma ratificação e um andaime para a reinterpretação do conhecimento científico.

20. P – Isso! Ela vai ficar lá dentro, apertadinha, fazendo o quê?
21. A – Transformando.

[Alguns alunos rapidamente respondem]

Alguns alunos fornecem uma resposta factualmente correta, que será apropriada pelos demais. Interativamente, os alunos estarão ressignificando as fases da metamorfose.

22. P – Em quê?

Nos turnos 20 e 22, há sequências de IRA.

23. A – Numa borboleta.

[Uníssono]

Os alunos fornecem um resposta factual; mostram que compreenderam as fases da metamorfose da borboleta. Apropriaram-se do conhecimento científico; estão sendo letrados.

24. P – Isso, ela vai construindo suas asinhas e quando ela construiu as asinhas, ela sai, transformou-se numa linda...
25. A – Borboleta.

A professora está construindo um andaime, permitindo que os alunos completem sua fala e assim permaneçam motivados. Os alunos reafirmam a resposta factual. A professora avalia e inicia novo turno de fala entre o grupo.

[A professora mostra a lagarta (seca) e pergunta]

26. P – Assim ela está bonita?
27. A – Não.
28. P – E assim?

[Mostra várias borboletas confeccionadas com massinha de modelar].

29. A – Está.
30. P – Agora com as asas, duas grandes e duas pequenas, ela vai voando até pousar em uma florzinha. Vejam as borboletas e suas asinhas.
31. P – Quando ela pousar em uma florzinha, ela vai sugar o néctar!

Os alunos estão ressignificando o conceito de néctar, já trabalhado na historinha da borboleta e o grilo.

32. P – O néctar é um líquido adocicado e está dentro da florzinha.
33. P – Ela vai se alimentar desse líquido, que está dentro da florzinha. Será como?
34. P – Quando ela pousar na florzinha, ela vai sugar, pegar o néctar (líquido adocicado) que serve de alimento para ela, aí o pezinho dela vai grudar na florzinha, e vai carregar no seu pezinho um pozinho que é o pólen.

Nos turnos (32) – (34), ocorre ampliação da ZDP. A professora reitera informações já assimiladas na aula anterior por meio de recapitulação contínua.

35. P – Aí, a borboleta vai voando, voando e vai procurar outra florzinha e pousa em cima dela.

A professora nos últimos turnos está intervindo na ZDP, criando situações interessantes e significativas, fornecendo informações e pistas

148 Formação do professor como agente letrador

que permitam a reconstrução ou ampliação dos conhecimentos prévios. Observe-se também que emprega uma linguagem apropriada para dirigir-se aos alunos, criando assim um elo de afetividade que ajuda a mantê-los envolvidos na interação.

36. P – Esse pólen que cai vai fazer outra florzinha, que é a polarização.

As respostas anteriores demonstram que a aprendizagem conceitual foi construída, e a professora amplia a informação introduzindo o conceito de polarização. Ocorre, assim, a ampliação da ZDP.

37. P – A borboleta vai ajudar nascer outras florzinhas?
38. A – Vai.
39. P – Agora, elas são importantes para o meio ambiente. Não podemos destruir os casulos.
40. A – Não.
41. A – (W) A borboleta tá lá dentro.

As respostas dos alunos demonstram que construíram também a aprendizagem de conteúdos procedimental e atitudinal por meio do letramento científico.

42. P – Como chama esse processo?

Nos turnos (37) e (42) há nova sequência de eventos de IRA.

43. A – Metamorfose.
44. P – Isso, muito bem!
45. P – Agora eu trouxe casulo de verdade.
46. P – A borboleta está aqui dentro?
47. A – Não!
48. P – Já esteve? Como estão os casulos, estão?
49. A – Vazios.
50. P – Os casulos são iguais?
51. A – Não.
52. P – As borboletas são iguais?
53. A – Não.
54. P – Isso! As borboletas não são iguais!
55. P – Como as borboletas são?
56. A – São coloridas, pretinhas.
57. A – (P) branquinhas!...
58. P – Isso, muito bem!

A professora segue com turnos de sistematização total. O diálogo permite que os alunos articulem os conceitos construídos e organizem-nos em um corpo de conhecimentos sistematizados. As conclusões a que chegaram configura uma prática de letramento científico.

[A professora mostra vários casulos naturais (secos), de várias cores e tamanhos para os alunos manusearem, observarem e reafirmarem que as lagartas constroem o casulo e que as borboletas nascem dele. Assim, puderam concluir com sucesso o processo da metamorfose da borboleta.]

Neste protocolo a professora recorre, repetidas vezes, ao evento já conhecido, IRA, e a partir daí, quando ocorrem conflitos, intervém ou amplia a informação. A resposta dos alunos indica o percurso da aprendizagem em relação ao objetivo inicial. Trata-se de uma avaliação diagnóstica.

O protocolo descreve uma exemplar estratégia de análise da Sociolinguística Interacional, da ampliação da ZDP e de andaimes, compondo uma tríade altamente benéfica para a progressão da metodologia problematizadora à construção de uma prática de letramento científico.

Protocolo da 4ª aula

O protocolo a seguir refere-se à quarta aula. A estratégia aplicada com foco na alfabetização foi *jogos* de palavras, contextualizadas, a partir do tema "Metamorfose da borboleta". A aula teve por objetivos:

- Ampliar a análise e a síntese de palavras com o fonema /r/ intermediário;
- Conhecer a letra específica pela qual cada fonema é representado na palavra;
- Compreender que a sequência de fonemas compõe uma sílaba.

1. P – Nós vamos construir palavras! Vou entregar envelopes para vocês. Aqui dentro, tem o alfabeto móvel. Vocês vão construir as palavrinhas que nós aprendemos aqui hoje. Tudo bem?

A professora fornece uma pista de contextualização, indicando aos alunos que as palavras que vão ser construídas com as fichas são referentes à aula, sobre a observação da metamorfose da borboleta.

2. P – Cada um construindo a sua!

[A professora distribui um envelope para cada aluno. Dentro do envelope estão as letras para formar palavras, e do lado de fora do envelope tem a figura e o número de fonemas necessários para escrever a palavra proposta. Os alunos estão sentados de dois em dois, mas cada um inicia com o seu envelope.]

A professora fornece um andaime através de uma pista de contextualização. Ou seja, no verso do envelope está pregada a figura, e ao lado da figura o número de fonemas necessários para escrever a palavra. Os alunos deverão trabalhar com os esquemas de análise e síntese.

3.   P – Guardem os cadernos! Não vamos usá-los agora! Isso! Olhem a conversa aí atrás!

4.   P – Cada um fazendo a sua! As letrinhas estão aí dentro!

Para que os alunos possam desenvolver seus esquemas cognitivos, construindo hipóteses, analisando, inferindo e sistematizando, a professora define regras para o jogo e clima disciplinar. Trata-se de uma atividade co-construída.

5.   A – Pode pegar, professora?

O aluno já tem noção dos papéis sociais definidos em sala de aula e demonstra respeito à autoridade da professora antes de dar início à atividade.

6.   P – Pode iniciar.

[A professora passa pelas carteiras e atende aluno por aluno.]

7.   P – Todo mundo montando as palavrinhas.

A professora faz uso do diminutivo que se configura como uma estratégia de envolvimento afetivo.

8.   P – Como chama esse bichinho?

[Ela pra e pergunta ao aluno.]

A professora faz um diagnóstico prévio, procurando descobrir se o aluno sabe qual é a figura que se encontra pregada no verso do envelope.

9. A – Porco.
10. P – Quantas letrinhas tem?
11. A – +++

[Não responde.]

O aluno com as letras sobre a carteira olha, mas não estabelece nenhuma relação entre a pergunta da professora e as letras que possui. Não foi capaz de associar a figura ao número de letras necessárias para a escrita da palavra. A avaliação da professora acerca da consciência fonológica do aluno indica a necessidade de se recorrer ao uso de outras estratégias.

12. P – Quantas vezes você abre a boquinha para falar porco?

A professora passa então a avaliar a consciência silábica.

13. P – Fala para mim!

[O aluno olha com dúvidas para a professora e não responde.]

A professora avalia que a consciência silábica também não está construída.

[A professora pede ao aluno que repita a palavra escandindo as sílabas.]

A professora faz intervenção pedagógica, escandindo as sílabas.

14. P – Fala pra mim por - co.
15. A – por - co.

[Aluno repete.]

16. P – E agora, quantas vezes você abriu a boquinha para falar por - co?

A professora fornece um andaime monitorando a construção da consciência silábica.

[Aluno repete por - co, e com o olhar duvidoso olha para a professora.]

Observa-se que o aluno está fazendo um enorme esforço, no processo de construção de sua consciência silábica.

17. (P) e (A) repetem juntos: por - co.

A professora fornece novo andaime e continua cuidadosamente monitorando a construção da consciência silábica da aluna.

18. A – Duas.

O aluno, com a intervenção e monitoramento atencioso da professora, consegue avançar no processo de construção da consciência silábica e fornecer a resposta correta.

19. P – E agora, quantas letrinhas tem?

[Aponta para a carteira e mostra as letrinhas.]

A professora passa a avaliar se o aluno avançou na sua compreensão de como funciona o sistema alfabético.

20. A – Cinco.

[O aluno olha para a palavra construída sobre a carteira, pensa, olha para a professora, e assertivamente responde.]

O aluno fornece corretamente a resposta. A intervenção monitorada da professora foi fundamental para que ele fosse avançando seu entendimento sobre o princípio alfabético.

21. P – Cinco!
22. P – E você?

[Passa para o próximo aluno.]

23. P – O que você tem no desenho?

A professora dá prosseguimento ao diagnóstico prévio, procurando saber se o aluno reconhece a figura do verso do envelope.

24. A – Circo
25. P – Cir-co!

A professora já inicia o diálogo com um andaime, escandindo as sílabas.

26. P – Quantas vezes você abre a boquinha para falar cir - co?

Inicia o turno de uma sequência IRA.

27. A – Duas.

[Mostra dois dedos e responde.]

O aluno responde corretamente, demonstrando que a consciência silábica está construída.

28. P – Duas vezes, legal! E quantas letrinhas?

A professora avalia a construção e expande o turno com nova sequência de IRA.

29. A – Cinco.
30. P – Então conta para eu ver!
31. Cinco.

[O aluno conta ficha por ficha que contém as letrinhas da palavra "circo". Aluno responde cinco.]

32. P – Isso, ótimo!

A professora avalia a resposta concluindo que a consciência fonêmica está construída.

33. P – E você, qual é a sua?

[Dirige-se ao aluno seguinte.]

A professora aplica em sua prática os princípios de uma pedagogia culturalmente sensível. Inclui todos os alunos, passando carteira por carteira, monitorando também aqueles que não estão seguros com o princípio alfabético.

34. A – Árvore.

[Aluno lê corretamente.]

35. P – Quantas vezes você abre a boquinha para falar ár - vo - re?

Inicia novo turno de uma sequência de IRA: a professora inicia a pergunta, o aluno responde, a professora avalia.

36. A – Três.
37. P – Três vezes. Muito bem!

A resposta é avaliada pela professora. O aluno construiu a consciência silábica. A professora expande o turno.

38. P – Quantas letrinhas tem?
39. A – Seis.

[Volta-se para as letrinhas sobre a carteira e responde.]

40. P – Então, conta para a professora (N) ver.
41. A – Seis.

[Conta ficha por ficha com as letras que compõem a palavra.]

42. P – Ótimo, muito bem!

As respostas do aluno são avaliadas pela professora. Ela conclui que o princípio alfabético está sendo construído de maneira reflexiva e segura por seu aluno.

43. P – E você, fala para professora (N)...

[Continua passando carteira por carteira, aluno por aluno, enquanto aqueles já atendidos trocam os envelopinhos e constroem outras palavras.]

A professora, conhecedora dos princípios de uma pedagogia culturalmente sensível, continua seu monitoramento cuidadoso, incluindo todos os alunos, avaliando e tomando as decisões necessárias para o avanço de todos.

Ela utiliza um jogo bastante eficaz na construção do princípio alfabético. Confeccionou envelopes e no verso colou as figuras e o número de fonemas necessários para escrever a palavra proposta. As letrinhas foram entregues dentro do envelope. A professora distribuiu um envelope para cada aluno.

Os alunos estavam sentados de dois em dois, mas cada um iniciou com o seu envelope. Depois da primeira construção, misturaram-se e iniciaram a segunda construção. Alguns alunos conseguiram trocar com outros e juntos formaram mais palavras.

O fundamental nesse trabalho é, a partir da palavra geradora "borboleta", ampliar a análise e a síntese de outras palavras com o fonema /r/ intermediário, conhecer a letra pela qual cada fonema é representado na palavra e compreender que a sequência de fonemas compõe uma sílaba.

A professora prosseguiu com o trabalho de IRA, avaliando a construção do princípio alfabético, aluno por aluno. Enquanto ela realizava essa tarefa, aqueles que iam terminando trocavam de envelope com outros colegas, de forma que todos pudessem participar da atividade. Todos os alunos estiveram próximos da professora e foram respeitados em seu próprio ritmo e nível conceitual de aprendizagem.

Outro aspecto importante a ser considerado nas estratégias de análise e síntese das novas palavras é que os esquemas cognitivos partiram do contexto da sala de aula, oportunizando que o ensino de Ciências Naturais pudesse manter-se integrado à alfabetização e, com isso, reconceptualizado. As palavras construídas partiram do repertório do texto literário e da observação, permitindo que os alunos retomassem os conteúdos de Ciências Naturais.

PROTOCOLO DA 5ª AULA

A análise a seguir refere-se à quinta aula, com foco na alfabetização. A partir da atividade anterior, foi organizado um banco de palavras. A quinta aula tem por objetivos:

- Conhecer a letra específica pela qual cada fonema é representado na palavra;
- Compreender que a sequência de fonemas compõe uma sílaba;
- Ampliar a análise e a síntese de palavras com o fonema /r/ intermediário;
- Desenvolver predições para o ato de leitura.

[A professora organiza a sala, os alunos estão sentados nas carteiras, de dois em dois. Antes de iniciar a atividade, ela procura estabelecer um clima disciplinar, favorecendo a tomada de pisos pelos alunos.]

1. P – Hoje já tivemos a observação, né (B) senta direito, tivemos... contei a historinha para vocês sobre... Processo da metamorfose.

[Antes de a professora concluir, o aluno toma o piso.]

Nos três turnos que se seguem, observa-se a postura de escuta da professora, promovendo ações responsivas, e através delas construindo na sala de aula um ambiente dinâmico que favorece as intervenções dos alunos.

2.   A – A borboleta.

O aluno toma o piso e faz uma predição sobre a fala da professora. O aluno faz predição porque o contexto do discurso da professora tem significado para ele.

3.   A – E da lagarta.

Ocorre nova predição. Outro aluno toma o piso e completa a fala da professora, estabelecendo relação entre a lagarta e a borboleta. O aluno está generalizando, e isso significa construção do conhecimento, caracterizando-se como uma prática de letramento científico.

4.   P – Isso! Tudo né, nasce o ovo, depois a lagarta, depois vira casulo.

A professora fornece uma ação responsiva sobre a intervenção do aluno, retomando a sequência cronológica sobre a observação das fases da metamorfose da borboleta. A postura responsiva da professora desencadeia um movimento dinâmico em sala de aula favorável à intervenção tanto individual como coletiva dos alunos.

5.   A – Vira borboleta. [uníssono]

A intervenção coletiva dos alunos demonstra o conhecimento factual. Estamos diante do resultado do ensino: a concretização da aprendizagem, configurando o letramento científico.

6.   P – Eu distribuí o alfabeto móvel e vocês descobriram a palavrinha.
7.   P – (N) Qual foi a palavrinha que você descobriu?
8.   P – Fala para a tia (N) ouvir...
9.   A – (N) Borboleta.

[A aluna lê a palavra construída com as fichas.]

A professora solicita à aluna que leia a palavra "borboleta" – repertório da história. Isso permite que a aluna faça a análise e a síntese da relação entre fonema, letras, sílabas e palavras, despertando o interesse do grupo.

10.   P – Borboleta, muito bem!

A professora, valendo-se de andaimes fornecidos por impostação de voz e das expressões motivadoras, expande o turno, mantendo um ambiente interacional favorável à construção da aprendizagem.

11.   P – Quantas vezes você abre a boquinha para falar borboleta?

Inicia-se a avaliação da construção do princípio alfabético. Os turnos que se seguem são eventos de IRA. A professora inicia com a pergunta investigando a consciência silábica do aluno.

12.   A – (N) Quatro.

A professora avalia a resposta do aluno como indício de construção da consciência silábica e expande o turno.

13.   P – Quatro! Vamos ver quantas letrinhas tem?

Nova sequência de IRA. A professora inicia com a pergunta para avaliar a consciência fonêmica.

14.   A – (N) Nove.

A resposta correta do aluno é um indício de construção fonêmica.

15.   P – (N) Fala para a professora (N) quais são as letrinhas que você usou. Vai falando pra tia professora.

A professora novamente expande o turno para avaliar se o aluno estabelece relação entre fonema e letra.

16.   A – (N)

[Olha a palavra construída sobre a carteira e fala letra por letra:]

/b/-/o/-/r/-/b/-/o/-/l/-/e/-/t/-/a/

17. P – Crianças! Olha só o que a (N) falou, ela falou que formou a palavrinha borboleta. Está correta?

[Escreve no quadro-giz em letra caligráfica.]
[Repete simultaneamente cada letra com o aluno e inicia o diálogo.]

A ação responsiva e ratificadora da professora diante da fala do aluno desencadeia uma ação interativa entre os alunos. Outra ação responsiva é observada quando a professora vai até o quadro-giz para escrever a palavra construída pelo aluno, fornecendo um andaime ao escrevê-la em letra caligráfica, já que as fichas que foram trabalhadas por eles estão escritas em letras tipográficas. A professora está ampliando a ZDP dos alunos, permitindo que os esquemas processem informações que estabeleçam relações entre escrita tipográfica e caligráfica.

18. A – Tá, tá, tá.
19. P – Está correta (N)! Agora eu vou passar essa palavrinha para o nosso banco de palavras.

[Mostra o banco de palavras e fixa a primeira palavra escrita em letra caligráfica.]

Nova ação responsiva motiva a participação dos alunos. A professora nomeia o aluno e escreve a palavra por ele construída no banco de palavras.

20. P – A (N) escreveu a primeira palavrinha do nosso banco de palavras.
21. A – Eu vou ser o segundo, eu vou ser o terceiro.

[Comentário entre os alunos.]

O clima interacional da sala de aula favorece a intervenção e estimula a participação dos demais alunos.

22. P – BORBOLETA.

[A professora escreve a palavra "borboleta" na ficha e mostra para os alunos. Solicita a sua leitura e afixa no banco de palavras na primeira posição. Antes de afixar a palavra, desenvolve o pensar interdisciplinar, investigando a aprendizagem matemática: "esta é a primeira palavra, é aqui que vamos colocá-la? Ou aqui?" mostra várias posições".]

23. P – (A) Um, um, um!

[Uníssono]

Os alunos demonstram aprendizagem: relacionam "um" com "primeiro".

24. P – Muito bem! Então vamos colocar primeiro.

Os alunos processaram uma reconceptualização do conceito de ordem numérica.

25. P – Agora, eu gostaria de ouvir o (P).
26. P – (P), O que você descobriu?
27. A – (P) "Metamorfose"
28. P – Metamorfose! Crianças olhem só o que o (P) descobriu, "metamorfose".

A professora fornece duas ações responsivas citando o nome do aluno e ratificando a sua descoberta.

29. P – Quantas vezes abre a boquinha?

A professora inicia sequência de IRA. Investiga a consciência silábica do aluno.

30. A – (P) cinco vezes.

Usando da consciência silábica, o aluno pronuncia a palavra, escandindo as sílabas (somente com os lábios) e contando nos dedos simultanea-mente, "me-ta-mor-fo-se", e responde.

31. P – Cinco vezes abre a boquinha, crianças? Ele falou que abre cinco vezes!

A professora avalia a resposta do aluno, compreendendo que a consci-ência silábica está em construção e expande o turno, promovendo uma ação interativa entre os demais alunos.

32. P – Olha! ME-TA-MOR-FO-SE, cinco vezes.
33. P – (P) E quantas letrinhas tem?

A professora dá sequência ao evento IRA. Avalia a consciência fonêmica. Essa sequência de IRA cria andaimes para todos os alunos que se apropriam das informações, em um processo contínuo de ressignificação da aprendizagem.

34. A – (P) onze letrinhas.

[Volta o olhar para as fichas sobre a carteira e responde.]

35. P – (P) Quantas letrinhas são?
36. A – (P) Onze.

A professora avalia que a consciência fonêmica está em processo de construção e expande o turno com o objetivo de avaliar a relação fonema e letra.

37. P – (P) Vai falando as letrinhas para a professora.
38. A – (P) /M/ /E/ /T/ /A/ /N/
39. P – Ene? /N/?

A professora fornece um andaime que é apropriado por outros alunos, favorecendo a intervenção. Eles respondem em coro: eme. Aqui a avaliação diagnóstica cotidiana está sendo realizada. A professora investiga a construção do princípio alfabético com a sua turma.

40. A – (P) /M/ - Eme

[E continua.]

Diante do andaime alunos-alunos, o aluno ratifica a intervenção dos colegas.

41. A – Não é o /o/ METAM /O/
42. P – Como! O /o/ é aqui?
43. A – (P) METAMO, agora o /F/.
44. P – Mas, aonde vai ficar o /F/?

A professora apresenta um problema, fazendo com que o aluno reflita sobre a sequência dos fonemas isolados da palavra e estabeleça relações entre eles e as letras que os representam. Está em construção a consciência do princípio alfabético.

45. A – (P) Coloca o /R/ no lugar do /S/.
46. P – Escreve: METAMOFOR, e agora?
47. A – (P) Agora faz o /S/ e o /E/.
48. P – Vamos ler para ver se está certinha?

[Escreve METAMOFORSE.]

49. P – Vamos ler?

[A professora, juntamente com os demais alunos, lê escandindo as sílabas: METAMOFORSE.]

50. P – Está certa, crianças?

A pergunta da professora é uma estratégia de andaime entre professora e alunos e entre alunos, balizando o conhecimento em construção. Os esquemas processadores estão em movimento de ressignificação.

51. A – (P) O /R/ fica no lugar do /F/ e...

[Repete letra por letra e reconstrói a palavra METAMORFOSE.]

O aluno utiliza o monitoramento atencioso da professora, ratifica os andaimes fornecidos pelos colegas e consegue estabelecer relação de que cada fonema é representado por uma letra e que cada letra é importante na construção de uma palavra. Está construindo, de maneira reflexiva, a consciência do princípio alfabético.

52. P – Vamos ler aqui, crianças! METAMORFOSE. E agora está certo?
53. A – tá!...

[Uníssono]

54. P – Quantas vezes abrimos a boquinha para falar essa palavrinha? Vamos ver!

A professora incentiva os alunos a dá prosseguimento à aula. Faz perguntas, favorecendo a intervenção e a participação do coletivo.

55. A – ME-TA-MOR-FO-SE.
56. P – Quantas vezes abre a boquinha?

57. A – Cinco.
58. P – Quantas letrinhas aqui tem? Todo mundo ajudando aqui a professora... Todo mundo. Essa palavrinha tem quantas letrinhas?

[Conta as letrinhas, enumerando cada letra, contando uma a uma: 1, 2, 3...]

A professora usa palavras e expressões motivadoras, o que mantém na sala de aula um ambiente interacional muito propício para conduzir o processo de ensino e aprendizagem.

59. A – Onze!
60. P – Onze letrinhas!

[Escreve a palavra na ficha e acrescenta no banco de palavras.]

61. P – Onde vamos colocar essa palavra? Aqui? Ou aqui?

[Mostra a posição 5 no banco de palavras, e em seguida a posição 4.]

A professora tem clareza de seu objetivo, que consiste em alfabetizar letrando, o que exige um pensar interdisciplinar.

62. A – No dois.

[Uníssono]

63. A – (A) no dois.
64. P – Todo mundo concorda com o (A), todo mundo concorda com o (A)?
65. A – Concorda!
66. P – Muito bem! Então vamos ler: METAMORFOSE.

[Afixa a palavra, em letra caligráfica, no banco de palavras.]

A professora, quando pede para os alunos lerem novamente a palavra construída, está desenvolvendo uma atividade de síntese, utilizando-se do seu próprio conhecimento sobre consciência fonológica para concluir a sua medição nesse episódio de aula.

67. P – (K J) Qual foi a palavrinha que você formou?
68. A – (K) Largata.
69. P – Ah! Ela formou LAGARTA.

[Aproxima-se da aluna.]

A professora utilizou-se dos princípios da uma pedagogia culturalmente sensível. Aproximou-se do aluno, para certificar-se do "erro", e promoveu a estratégia adequada, monitorando a fala correta da palavra LAGARTA.

70. P – Vamos falar: crianças! (P), (P) e (B)

A professora utiliza do recurso de andaimes, nomeando os alunos e assim chamando-os à participação. A estrutura de participação e os papéis sociais estão sendo mantidos durante todo o turno de aula.

71. P – (A) a (K) formou LA GAR TA, vamos falar a palavrinha? LA - GAR - TA. Quantas vezes abrem a boquinha?

A professora está avaliando o conhecimento prévio, identificando dificuldades dos alunos em relação à posição da letra na construção da palavra. Inicia-se um evento de IRA.

72. A – Três.

Nesse turno, a professora recorre repetidas vezes ao IRA, por ser um evento facilitador para diagnosticar a construção do princípio alfabético.

73. P – Será quantas letrinhas tem LA - GAR - TA. Quantas letrinhas tem?
74. A – Sete.
75. P – A (K) disse sete. Vamos colocar aqui (K)? Fala (K).
76. P – (K) Vai falando letrinha por letrinha para professora...

A professora avalia a compreensão dos alunos enquanto eles analisam a palavra a partir de seus fonemas isolados.

77. A – (K) /L/, /A/, /R/, /GA.
78. P – /G/ né?

[Continua repetindo as letras que o aluno fala.]

A professora percebe o erro na construção da palavra e na relação do fonema-letra /G/ GA, mas não impede que o aluno conclua o seu pensamento. Fornece rapidamente um andaime /G/. Percebe-se uma preocupação da professora em não desestimular o esforço do aluno na atividade de análise e síntese da palavra.

79. A – (K) continua! /A/, /T/, /A/.

Observam-se os esquemas cognitivos do aluno num enorme esforço para realizar a tarefa de análise e síntese, uma vez que a atividade apresenta um nível maior de dificuldade. Acontece aí a ampliação da ZDP. O monitoramento atencioso da professora torna-se uma intervenção indispensável para que o aluno tenha sucesso no resultado da atividade e mantenha-se motivado para continuar participando da aula.

80. P – Olha todo mundo! Olha! Vamos ler: LAR-GA-TA.
81. A – LAR-GA-TA

[Escandindo as sílabas repete três vezes.]

82. P – Tá certo?
83. A – Não!

[Uníssono]

84. P – Não!....A palavra é LA-GAR-TA. Então, o que temos que fazer (K), (N)?

[Escandindo as sílabas, repete três vezes.]

A professora promove um andaime ao repetir a palavra junto com os alunos, oportunizando-os a fazer nova análise.

85. A – (N) disse que tem que tirar esse /R/.
86. A – Depois do /G/ com /A/.
87. P – Então vamos ler novamente. Será que agora tá certo?
88. A – LA-GAR-TA.

[Escandindo as sílabas, repete três vezes.]

Os alunos demonstram que estão construindo a consciência alfabética.

89. P – Para escrever o GAR, quantas letrinhas nós gastamos?

[Inicia-se outro evento de IRA.]

90. A – Três letras.

[Uníssono]

91. P – Muito bem! Será quantas letrinhas tem aqui?

A professora avalia a resposta correta e expande. Mostra a palavra "lagarta".

92. A – Seis, sete...

A professora avalia a resposta e intervém por meio de um andaime.

93. P – Vamos ver!

[Conta com os alunos.]

94. A – L A G A R T A. 1- 2- 3- 4- 5- 6- 7.
95. P – Sete. Todo mundo lendo a palavra. Isso, muito bem! Agora tá certa. Acrescenta a ficha no banco de palavras LAGARTA. Quantas vezes abriu a boquinha?
96. A – Três. [uníssono]
97. P – Todo mundo lendo a palavra - banco de palavras LAGARTA

[Em letra caligráfica.]

Foi organizado um banco com cinco palavras construídas pelos alunos na atividade anterior. As estratégias cognitivas de análise e síntese exigiram bastante esforço dos esquemas cognitivos dos alunos em concentrar a atenção para construírem a consciência fonológica.

Todas as palavras do banco foram construídas a partir do contexto da historinha e da observação da metamorfose da borboleta. Alguns alunos se aproximaram do conhecimento com a diversificação dessas estratégias, que também tornaram possível a reconceptualização das relações entre fonema-letra-sílabas-palavras.

Durante a análise e síntese das palavras, a professora manteve um ambiente interacional facilitador para que as intervenções dos alunos ocorressem sempre numa postura sensível, avaliando as dificuldades e fornecendo andaimes adequados para que a aprendizagem fosse construída.

Imagem 10

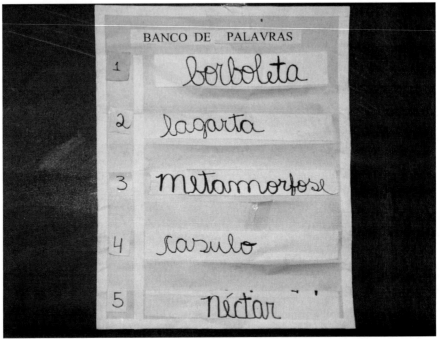

A atividade sistematizou outras palavras da historinha. "A borboleta e o grilo".

Protocolo da 6ª aula

A seguir, apresentaremos a conclusão do processo de letramento científico, resumidamente, a sexta e última aula.

1. P – Olá! Dando continuidade às aulas anteriores, a aula de hoje será sobre a confirmação do que aprendemos da metamorfose da borboleta por meio do texto coletivo e ilustrações do processo da metamorfose. Vamos ver o que aprendemos?

A professora inicia a aula, anotando a rotina do dia no canto do quadro-giz. Simultaneamente, ela conversa com os alunos sobre a historinha da borboleta e do grilo, relacionando-a ao banco de palavras. Essa é uma oportunidade que a professora usou para fazer o diagnóstico dos conteúdos das aulas anteriores, uma avaliação formativa, e para incentivar os à participarem da construção do texto. Tanto no início da aula quanto em seu decorrer, foram desenvolvidas as quatro habilidades linguísticas dos alunos: ouvir, falar, ler e escrever.

2. P – Agora chegou o momento! O momento do nosso textinho!

A elaboração de textos coletivos é uma oportunidade para a professora chamar a atenção dos alunos para características específicas dos textos escritos, antes mesmo que eles tenham um grande domínio da escrita, como é o caso desse grupo de alunos.

3. P – Tem alguém que gostaria de dar um título?
4. P – As borboletas.

[Sugestões dos alunos.]

5. P – Então todo mundo concorda?

Ao sugerirem o título para o texto, os alunos demonstram saber que aprenderam sobre a metamorfose da borboleta, o que caracteriza uma prática do letramento científico.

6. P – As borboletas coloridas.

[Completam os alunos ao proporem o título.]

As intervenções solidárias dos colegas, mediante uma intervenção inicial de um aluno, caracterizam uma ação responsiva ratificadora aluno-aluno e contribuem para que ele se sinta mais confiante, o que também fortalece o empenho da professora em sua ação responsiva, mantendo um ambiente interacional favorável à prática de letramento.

7. P – Vamos colocar esse título, ele ganhou!

[A professora escreve o título no quadro-giz (AS BORBOLETAS) e os alunos fazem a leitura escandindo as sílabas.]

8. P – Vamos ler o título!
9. P – As borboletas.
10. P – Muito bem! Por que "as"?

A professora chama atenção para o "plural", aproveitando a oportunidade de recuperar com os alunos algumas convenções ortográficas.

11. P – Por que é mais de uma e está no plural; existem muitas borboletas.

[A professora continua incentivando os alunos para a construção do texto escrevendo no quadro-giz.]

A professora constrói andaimes, fornece pistas, expressa-se com as mãos. Aproveita a oportunidade e chama a atenção dos alunos para os parágrafos, recuperando, com eles, estruturas textuais. Procura manter um ambiente emocional favorável à motivação e à participação dos alunos. Recorre, durante todo o processo, à estratégia de recapitulação contínua. A professora ativa os esquemas cognitivos para que os alunos possam fazer inferências corretamente, relacionando conceitos, ajudando-os a completar as frases e seguir com o texto.

[A professora continua a escrever as frases no quadro-giz, com os alunos: "As borboletas são coloridas (e) bonitas".]

12. P – ...*e* bonitas. Vou usar o "e" ou "i"? O /e/ tem som de /i/. Na leitura, o /e/ tem som de /i/, se colocar um acento tem som de /e/.

Os alunos revelam conhecimento do princípio alfabético segundo o qual o fonema /i/ é representado pela letra "e". Eles demonstram que estão assimilando a estrutura da língua e as convenções ortográficas.

13. P – Elas voam de flor em flor.
14. P – Muito bem!

A professora fornece um andaime estimulando os alunos a participarem.

15. P – Elas voam de flor em flor,
16. P – Bebendo o líquido

A professora novamente aproveita a oportunidade e chama atenção dos alunos para a acentuação, recuperando as convenções ortográficas.

17. P – Bom, vamos lá

[E continua a frase: "Elas voam de flor em flor, bebendo o líquido – dá uma peuqena pausa.]

18. P – Como se chama o líquido?
19. P – Néctar,

A professora fornece um andaime, solicitando a participação dos alunos.

20. P – Néctar tem um acento.

[A professora lê a frase novamente com os alunos.]

21. P e A – "Elas voam de flor em flor, bebendo o líquido, o néctar."

[Ao ler o texto, com os alunos, a professora observa que faltou dizer que o líquido é doce. Apaga o que já havia escrito (a palavra "néctar"), para completar o raciocínio lógico dos alunos e escreve "doce". Ao escrever a palavra "doce", ela pergunta para os alunos se tem cedilha no "c".]

A construção de texto escrito propiciou o desenvolvimento das estratégias de leitura. Os alunos, para construírem o significado, precisam inferir sobre o que estão lendo. O movimento de ir e vir com os olhos indica os esquemas cognitivos em ação, favorecendo o processo de inferência da leitura, construindo o significado, no caso, o letramento científico.

22. P – Como se chama o líquido doce?
23. P – Néctar.

Nos turnos que se seguem, os alunos repetem a leitura da construção do texto escrito. A professora insiste (positivamente) em produzir estratégias de inferenciamento e IRA.

24. P – Bom, vamos lá.

[E continua lendo o texto.]

25. P – Vamos ler o texto!
26. A – As borboletas...

[A professora segue a leitura, apontando o texto com o dedo no quadro-giz e escrevendo o texto junto com os alunos.]

27. P e A – "As borboletas são coloridas e bonitas. Elas voam de flor em flor bebendo o líquido doce..."
28. P – Carregam o quê?

[A professora dirige-se à aluna E.]

29. A (E) – O pólen!
30. A (A) – De uma flor para outra flor.

A professora constrói andaimes por meio de expressão facial positiva. Dá uma pequena pausa, o que favorece o ambiente interacional harmonioso, o clima emocional, para seguir com uma estratégia que exige esforço cognitivo dos alunos. Os alunos demonstram aprendizagem. Há confirmação de aprendizagem, configurando uma prática de letramento científico. As informações das aulas anteriores são sistematizadas em conhecimento, em um novo nível conceitual. Os alunos menos experientes vão ampliando a ZDP em interação com os alunos mais experientes. Ocorre mais uma confirmação de aprendizagem.

31. P – Agora o que falta para concluir o texto?
32. A (G) – As borboletas são encontradas em todo mundo.
33. P – Para escrever "mundo", como escrevo?

[Os alunos indicam como escrever a palavra.]

34. P – Agora vamos ler todos juntos!
35. P – As borboletas.

[A professora acompanha o texto com o dedo no quadro-giz para facilitar a leitura.]

36. P e A – "As borboletas são coloridas e bonitas, elas voam de flor em flor bebendo o líquido doce, o néctar. Ao mesmo tempo ajudam as flores a se transformarem em frutos, porque carregam o pólen de uma flor à outra. As borboletas passam por transformações que chamamos de metamorfose, que são as seguintes etapas: ovo, lagarta, casulo e borboleta. As borboletas são encontradas em todo o mundo."

O trabalho insistente da professora com alguns alunos constitui apenas uma confirmação da aprendizagem. Para outros alunos, com estilos cognitivos mais dependentes de intervenções, ele é fundamental, pois, com a recapitulação contínua, em momentos diversificados e alternados, eles conseguem processar a informação. Assim, a professora inclui todos, respeitando seus próprios ritmos e estilos cognitivos de aprendizagem.

Nesse episódio de aula, podem ser observados:

a) o nível conceitual, construído pelos alunos nas aulas anteriores, favorecendo a recapitulação;
b) a avaliação diagnóstica e formativa, os andaimes, as pistas de contextualização, o clima disciplinar, as ações responsivas ratificadoras e a sistematização dos conteúdos;
c) de forma significativa, o desenvolvimento das relações das quatro habilidades linguísticas – *ler, escrever, escutar e falar* – durante o desenrolar da aula;
d) as convenções ortográficas: acentuação, pontuação, plural;
e) a consciência fonológica referente aos fonemas e letras: /e/, /i/, /de/, /di/, c e ç;
f) as características dos textos orais e dos textos escritos;
g) a relação entre língua falada e língua escrita;
h) as relações de confiança e respeito entre os colegas;
i) a sistematização do conhecimento e da estrutura textual, beneficiando a sistematização do conhecimento;
j) as estratégias cognitivas de inferenciamento na construção do significado;
k) a ênfase na releitura do texto;
l) a construção escrita do texto para o desenvolvimento de estratégias de leitura;
m) a construção do princípio alfabético;
n) a aprendizagem conceitual explícita.

Etnografia de uma prática de letramento científico (4)

Estratégias de leitura na pós-alfabetização

O protocolo descrito neste capítulo voltou-se para estratégias de leitura. A professora utiliza-se de uma atividade de leitura conhecida como apagamento selecionado. Nessa atividade são apagadas algumas palavras ou expressões para que o aluno preencha os espaços em branco e, ao fazer isso, use algumas estratégias de leitura, como: inferências, deixas, predição, seleção, decodificação, testagem de hipóteses com base no significado e na gramática, processamento da informação com movimentação de ir e vir dos olhos sobre o texto e substituições pronominais na cadeia anafórica. Esta aula teve por objetivos:

- desenvolver o processamento da leitura;
- trabalhar a construção lógica do texto;
- trabalhar a coesão do texto;
- construir cadeias anafóricas;
- testar hipóteses com base no significado e na gramática;
- fazer inferências;
- selecionar informações;
- reconstruir o significado do texto.

Protocolo da aula

A professora inicia a aula colocando todos os alunos sentados em duplas e recorda as regras de participação para que a sala de aula se torne um ambiente interacional favorável à aprendizagem. O conteúdo, as frutas, é sistematizado em um texto, transcrito no quadro-giz, por meio de atividade de apagamento selecionado.

As frutas

_____ frutas _____ saborosas e _____ .

_____ servem de alimentos para ___ pessoas e _____ .

Existem _____ tamanhos _____ , _____ e _____ .

Umas são doces e outras _____ . As _____ são encontradas

em _____ lugares.

---

1. P – Então, gente, olha só!
2. P – O título do nosso texto "As frutas".

A professora está usando a palavra "título", que é mais adequada que "nome do texto". Ao falar em título do texto, os alunos estão sendo inseridos em uma prática de letramento.

3. P – (C) respondeu, muito bem! (C), as frutas.
4. P – Olha só, aqui no título, "As frutas", essa letrinha é maiúscula ou ela é minúscula?

A professora nos turnos (4) – (6) recupera com os alunos algumas noções gramaticais.

5. A – Maiúscula.
6. P – Maiúscula, muito bem! Então o início do título também vem com letra maiúscula, muito bem!

A professora fornece uma ação responsiva ratificadora sobre a contribuição dos alunos. A postura responsiva da professora desencadeia em sala de aula um movimento dinâmico favorável à intervenção tanto individual como coletiva.

7. P – Esse texto aqui, crianças, que vocês estão olhando pra ele é um texto completo ou incompleto?

A professora, valendo-se de andaimes fornecidos por impostação de voz e expressões faciais motivadoras, expande os turnos (7) – (18) mantendo um ambiente interacional favorável à construção da aprendizagem.

8. A – Incompleta.
9. P – Por que é incompleto (J), (J)?

 Sem interromper a atividade, a professora inclui o aluno que estava distraído. Preocupa-se em incluir todos os alunos, mantendo um clima disciplinar que favorece a progressão da aula.

10. J – Porque faltam palavras.
11. P – Então, gente, já que é um texto incompleto, nós vamos completar ele, não?
12. A – É mesmo, vamos completar!
13. P – Aqui está escrito assim, frutas. O que pede aqui?
14. A – As frutas, as frutas.
15. P – Vamos ver as frutas ou a fruta?
16. A – Fica as frutas.
17. P – É, as frutas? Se eu colocar só o "a" aqui?
18. A – Aí tem que tirar o "s" daí.

Nos turnos (14) – (18) a professora está chamando a atenção para a marcação do plural.

19. P – Vou colocar o giz colorido para ficar bem bonito.

[A professora usa as cores alaranjado e verde, fornecendo pistas para que os alunos preencham os espaços em branco: traços pequenos são alaranjados, e os grandes verdes.]

Assim, os alunos podem predizer as palavras pequenas e grandes utilizando essas pistas.

20. P – Olha comecei com letra maiúscula. Porque é o início do meu texto, é o início da frase com letrinha maiúscula.

Novamente, a professora vale-se da oportunidade para recuperar com os alunos algumas noções de convenções ortográficas.

21. P – Aí vamos ver agora como vai ficar?

[A professora volta ao texto e faz a testagem, escreve no espaço em branco a letra A e pede que os alunos leiam (A frutas), ao fazer isso, ela dá início ao processamento das estratégias da leitura.]

22. P – A frutas.
23. P – Deu certo?
24. A – Não!
25. P – (T) deu certo aqui?
26. A – (T) não, falta o "s".
27. P – Aqui ó! A frutas?
28. P – Deu certo?
29. A – Não!
30. P – Faltou o quê?
31. A – O "s".
32. P – Vamos ver se ficou bom!
33. P – As frutas? Muito bem!

A professora, nos turnos (22) – (33) está chamando a atenção para a concordância redundante prevista na gramática normativa, mostrando aos alunos a marcação do plural com o acréscimo do morfema "s". Para isso, usa de uma estratégia de leitura conhecida como testagem de hipóteses com base no significado e na gramática.

34. A – E são doces?

[A professora aponta a lacuna no texto do quadro-giz com o qual continua a trabalhar.]

35. P – A (B) falou "é". A (T) falou "são".

O clima interacional da sala de aula favorece a intervenção e estimula a participação dos demais alunos.

36. A – É "são". É "são".
37. A – Tia, é "são".
38. A – (B) falou "é".
39. P – Vamos ver, vamos lá!

A professora volta ao texto e faz nova testagem; escreve no espaço em branco "é", e pede que os alunos leiam ("As frutas é"), dando sequência ao processamento das estratégias da leitura.

40. P – As frutas é, se eu falo as frutas é não ficou legal, o "é" está indicando que é uma coisa só, está no singular, tá? E aqui "as frutas" estão indicando que é mais de uma...

Novamente, a professora chama a atenção para a concordância nominal redundante prevista na gramática normativa, mostrando aos alunos a marcação da forma verbal no plural. Usa de uma estratégia de leitura, testagem de hipóteses, com base no significado e na gramática.

41. A – Palavra.
42. A – Mais de uma palavra.
43. P – Mais de uma fruta! Isso, muito bem! Então se é as frutas, eu não posso colocar "é". As frutas...
44. A – São, são...
45. P – Por que que é "são"?

Nos turnos (46) – (54) inicia-se uma sequência de IRA.

46. A – Mais de uma.
47. A – É mais de uma fruta.
48. A – (T) está no plural.
49. P – Olha o que o (T) falou!

A professora promove ação responsiva e ratificadora diante da fala do aluno, desencadeando uma ação interativa favorável à progressão da aula.

50. P – Repete.
51. A – (T) Plural.
52. P – Isso, muito bem, está no plural.
53. P – Então, eu aqui tenho que apagar o "é" e vou escrever o quê?
54. A – São.

[A professora volta ao texto e apaga o "é" que estava escrito, e escreve "são", fazendo nova leitura, "as frutas são", dando assim, sequência ao processamento das estratégias da leitura.]

A professora está ampliando a informação da marca de plural, apenas acrescentando o "s". Ao apagar a palavra já escrita, usa de uma estratégia de leitura, o processamento da informação com movimentação de ir e vir dos olhos sobre o texto. O fundamental em retomar a leitura do texto é permitir que os alunos possam fazer inferências, predizendo a sua continuidade. Com isso estão aprendendo também a monitorar língua oral e língua escrita.

55. P – Olha aqui, as frutas são saborosas.
56. P – Ó! Ó o sonzinho do "z".
57. A – Mas é no lugar do "s".
58. A – No lugar do "z" o "s".
59. P – Olha aqui, tem o som do "z", mas escreve com...
60. A – Com "s".

A esta altura, a professora vale-se da oportunidade para recuperar com os alunos algumas noções do princípio alfabético e das convenções ortográficas.

61. P – Olha aqui, vamos ler o quadro aqui comigo, (M). (M), as frutas são saborosas e...
62. A – Gostosas, gostosas, deliciosas.
63. P – Vamos escrever aqui, gostosas ou deliciosas?

A professora novamente promove uma ação responsiva diante da fala dos alunos, criando um clima favorável à participação de toda a turma.

64. A – Deliciosas.
65. P – Então, deliciosas.

Com base na sinonímia, a professora permite que os alunos infiram o sentido das palavras no texto e compreendam que o significado pode ser mantido quando usamos palavras que se equivalem. As estratégias de leitura que consistem em ler e reler o texto, as deixas do autor (como os artigos flexionados no feminino), o conhecimento anterior dos alunos sobre a língua materna, a decodificação, a testagem de hipóteses com base no significado e na gramática, o processamento da informação com movimentação de ir e vir dos olhos sobre o texto, estão sendo utilizadas pela professora, o que caracteriza práticas de letramento com base na mediação da leitura.

66. P – Ah! Agora (F), eu vou mudar de cor, sabe por quê? Aqui é pequena, não é? Esta palavra é pequena?

[A professora retoma as cores dos traços para que os alunos preencham os espaços e assim possam levantar hipóteses sobre as palavras.]

67. A – É
68. P – Esta palavra é pequena.
69. P – Quando a palavra for grande, vocês vão escrever com que cor?
70. A – Verde.
71. P – Verde, então vamos escrever a palavra "deliciosa".
72. P – Deliciosa.
73. P – Olha só, também olha a palavrinha aqui (I). Todo mundo olhando a tia (N). Vamos ler isso aqui, ler o texto, por favor.
74. A – As frutas são saborosas e deliciosas.

A professora aponta com a régua a leitura do texto no quadro-giz, e os alunos se esforçam para reconstruir o significado. É preciso ler e reler para construir o significado, para monitorar a informação que está sendo processada. Assim funcionam as estratégias de leitura. É explícita a aprendizagem. Essa é uma prática de letramento.

75. P – Olha o que está faltando nesta palavrinha aqui, "deliciosa"?
76. A – O /s/.
77. P – O /s/, por quê?
78. A – Saborosa.
79. P – Muito bem, devido essa palavrinha aqui, "saborosas". Quem é saborosas?
80. A – As frutas.
81. P – Quem é saborosas?
82. A – As frutas.
83. P – (M) quem é saborosas?
84. A – (M) As frutas.
85. A – Deliciosas...

A professora usa de um andaime IRA. Insiste (positivamente) em produzir estratégias de leitura, por meio da recapitulação contínua.

86. P – Aí, muito bem! Bom! Aqui, terminando aqui, isso aqui, essa frase, o que eu vou colocar lá?
87. A – Ponto.
88. P – Ponto final.

A professora novamente aproveita a oportunidade e chama a atenção dos alunos, agora para a pontuação, recuperando as convenções ortográficas. Os alunos demonstram conhecimento sobre o uso do ponto final.

180 Formação do professor como agente letrador

89. P – Agora aqui.
90. A – (T) Deliciosas tá no plural.
91. P – Qual outra palavrinha tá no plural?

[Diante da contribuição do aluno, a professora retoma a leitura do texto até o ponto já trabalhado, identificando todas as palavras que estão no plural. Só então, dá prosseguimento à atividade.]

92. A – Frutas, as, frutas, saborosas, deliciosas,
93. A – Alimentos.

[Um aluno acrescenta.]

94. P – Olha aqui, então vocês entenderam por que eu coloquei "são"? Escrevi "são"? Porque está no...?

A professora está construindo um andaime, permitindo que os alunos completem sua fala e assim permaneçam motivados. Os alunos reafirmam a resposta factual. A professora avalia e inicia novo turno. Inicia novo IRA.

95. A – Plural.
96. P – Se não estivesse no plural poderia colocar a letrinha "é"?
97. A – Sim.
98. P – Muito bem!
99. P – A segunda frase agora, (M).
100. P – A segunda frase. "...servem". Quem é que "servem"? Olha aqui, servem de alimento, o quê? Quem serve de alimento?
101. A – Fruta.
102. A – Frutas.
103. P – Então o que vou colocar aqui? Sabe o que vou escrever aqui? O que serve? No lugar de fruta, para não escrever a palavrinha fruta, vou escrever?

Os alunos continuam fazendo substituições que favorecem o emprego de pronomes pessoais na cadeia anafórica e, consequentemente, a coesão do texto. Eles estão aprendendo a dialogar com o texto, o que caracteriza uma prática de mediação de leitura.

[A professora volta ao texto com as lacunas.]

104. A – Elas.
105. P – É. É "elas"! Elas, estou falando da fruta. Então, eu coloquei "ela" servem. Faltou o que aqui?

106. A – O "s".
107. P – O "s", faltou a letrinha "s". Vamos lá, todo mundo lendo com a professora, todo mundo aqui...
108. A – "Elas servem..."
119. P – Todo mundo lendo.
110. A – "Elas servem de alimentos para as pessoas". (L), o que eu vou colocar aqui?
111. A – As.
112. P – Como escreve "as"?
113. A – "a" e o "s".
114. A – A minúsculo.
115. P – Muito bem!
116. P – Posso colocar o "a" maiúsculo?
117. A – Não.
118. P – Então, "a" minúsculo, e agora?
119. A – "s".
120. P – (A), elas servem de alimento para as pessoas e...
121. A – Animais.
122. P– E quem?
123. A – Animais.
124. P – Fala bonito (M), abre a boquinha.
125. A – (M) Animais.
126. P – Fala, (M)!
127. A – (M) Animais.
128. P – Muito bem!

O processamento da leitura permite aos alunos predizerem a palavra, fazendo substituições que favoreçam o emprego de pronomes e, consequentemente, a coesão do texto. O movimento dinâmico de ler e reler o texto segue até a conclusão da atividade, promovendo mediações necessárias para que os alunos possam perceber se o significado está sendo construído e mantido. Para isso, a professora desenvolve essas estratégias evidenciadas no protocolo, caracterizando práticas de mediação de leitura e letramento.

Notas

[1] A formatação dos originais deste livro foi feita pela mestranda de Educação Thaís de Oliveira e pelo bacharel em Administração de Sistemas de Informação Edson Rosa dos Santos Júnior.

[2] Angela Kleiman (2006) discorre sobre o conceito do professor como agente de letramento.

[3] O vocábulo fonológico é uma sequência de palavras no interior de um grupo de força pronunciadas sem pausa. Os alfabetizandos percebem o vocábulo fonológico como uma unidade e tendem a grafá-lo sem espaço entre as palavras, o que é chamado de hipossegmentação (Ex.: "mamãe euteamo"). Também pode ocorrer a hipersegmentação (Ex.: "para que eu poça em sina outra pessoa"), (ver Câmara Jr., 1978: 132).

[4] Os fonemas /e/ e /i/ se neutralizam em sílabas átonas: "cidade"> /sidadi/. O mesmo ocorre com os fonemas /o/ e /u/. (ver Bortoni-Ricardo, 2004: 80-1).

[5] Os estudos do discurso de sala de aula desenvolveram-se principalmente no âmbito da Etnografia de sala de aula. Um marco desses estudos é o trabalho de Courtney Cazden, *Classroom discourse*, de 1988. Para leituras em Português ou em Espanhol, remetemos para estes textos: Pagliarini Cox, Maria Inês e Assis-Peterson, Ana Antônia de (orgs.), *Cenas de sala de aula*, 2001 e Coll, César e Derek, Edwards (orgs.) *Ensino, aprendizagem e discurso em sala de aula*, 1998. Pontecorvo, Clotilde e Orsoline Margherita "Analisando los discursos de las prácticas alfabetizadoras desde la perspectiva de la teoría de la actividad". *Infancia y aprendizaje*, vol. 58, p. 125-141, 1992.

[6] M. Palacios realiza esse trabalho na obra *Estrategias de lectura para la comprensión de textos,* que consta na bibliografia.

[7] Os níveis de compreensão leitora têm como base a proposta do Programa Internacional de Avaliação de Leitura (Pisa).

[8] Essa definição de texto contínuo é a adotada pelo Pisa.

[9] O texto desta seção consta na prova de Ciências Humanas e suas Tecnologias do ENEM/2009, que se encontra no site do MEC (www.mec.gov.br, acesso em 15 de outubro de 2009). O referido texto foi utilizado como base para a questão nº 68 (p. 22 da prova).

[10] Toda a lista do patrimônio material e imaterial, inclusive o link para a revista eletrônica, encontra-se no site do IPHAN (www.iphan.gov.br).

[11] Fonte: *Past Worlds: The Times Atlas of Archaeology (Mundos Passados: O Atlas de Arqueologia do Times),* Times Books Limited, 1988.

[12] Ressalta-se que a análise das estratégias de leitura envolvidas em todas as questões de leitura do Pisa disponibilizadas pelo INEP para consulta foi feita na tese de doutorado "Compreensão leitora no Pisa e práticas escolares de leitura", cuja defesa ocorreu em 08 de março de 2010. Encontra-se nesse trabalho a análise proposta para os textos dessa seção.

[13] Não se apresentou a fonte do segundo dado por não constar do texto de que foi retirado o fragmento.

184 Formação do professor como agente letrador

[14] A Organização para Cooperação e Desenvolvimento Econômico (OCDE) é responsável pela realização do Pisa, que consiste na aplicação de um teste padronizado aos alunos de 15 anos de idade, com a finalidade de avaliar os conhecimentos adquiridos de Leitura, Matemática e Ciências Naturais. Em 2006, o Pisa foi aplicado em 57 países. Disponível em: http:/www.pisa.oecd.org acesso em: 18 de outubro de 2007.

[15] O texto completo da pesquisa encontra-se disponível no endereço http://bdtd.bce.unb.br/tede-simplificado/tde_busca/arquivo.php?codArquivo=2907

[16] Na pesquisa etnográfica colaborativa, pesquisador e professor colaborador trabalham em sintonia; a professora da sala de aula torna-se uma pesquisadora da sua própria prática, pesquisadora colaboradora.

[17] *Tomar e sustentar o piso* é uma expressão utilizada para definir a habilidade do aluno em manter a comunicação, argumentar, contextualizar, inferir o conteúdo da fala.

[18] Esse conceito introduzido por John Gumperz (2003) é discutido com mais detalhes no capítulo "A mediação do professor na compreensão leitora".

[19] *Os conceitos de andaimes ou andaimagem* são trabalhados no capítulo "A mediação do professor na compreensão leitora".

[20] Ver sobre papéis sociais em Bortoni-Ricardo, Stella Maris. *Educação em língua materna: a sociolinguística na sala de aula.* São Paulo: Parábola, 2004.

[21] Sobre problematização, ver MINISTÉRIO DA EDUCAÇÃO (MEC), Secretaria de Educação Básica. *Parâmetros Curriculares Nacionais: Ciências Naturais.* Brasília: MEC, 1997.

[22] *Nos protocolos aplicam-se as seguintes convenções:* P – Professora pesquisadora colaboradora; A – Alunos (eventualmente identificados pelas iniciais do nome); Sublinha – Registros da fala autêntica dos atores da sala de aula; Caixa alta – Fala enfática; [ ] – Descrição do ambiente interacional da sala de aula; + – Pausa de aproximadamente 1 segundo; A mudança da fonte marca os comentários analíticos.

[23] Ver mais a esse respeito em Lemle, M. *Guia teórico do alfabetizador.* São Paulo. Ática, 1987.

[24] Ver mais a esse respeito em Adams, Marylin J. et al. *Consciência fonológica em crianças pequenas.* Porto Alegre: Artmed-Bookman, 2006.

BIBLIOGRAFIA

ADAMS, M. J. et al. *Consciência fonológica em crianças pequenas.* Porto Alegre: Artmed-Bookman, 2006.

AFFLERBACH, P. Verbal Reports and Protocol Analysis. In: KAMIL, M. L.; MOSENTHAL, P. B.; PEARSON, P. D.; BARR, R. (eds.). *Handbook of Reading Research,* vol. III. Mahwah, N.J.: Lawrence Erlbaum Associates, 2000.

BILTHAUER, M. I. *Imagens e argumentos ecológicos nos livros didáticos:* que educação ambiental é construída? Dissertação (mestrado). Universidade Estadual de Maringá, 2007.

BIZZO, Nélio. *Ciências*: fácil ou difícil? São Paulo: Ática, 2001.

BORTONI-RICARDO, S. M.; FREITAS, V. A. F. Sociolinguística educacional. In: HORA, D. et al (orgs) *Abralim 40 anos em cena.* João Pessoa: Editora Universitária, 2009. pp. 217-241.

_____. Compreensão de leitura: da palavra ao texto. In: GUIMARÃES, E.; MOLLICA, M. C. (orgs.). *A palavra:* forma e sentido. Campinas: Pontes Editores, RG Editores, 2007, p. 99-107.

_____.; SOUSA, M. A. F. Andaimes e pistas de contextualização: um estudo do processo interacional em uma sala de alfabetização. In: TACCA, M. C. (org.). *Aprendizagem e trabalho pedagógico.* Campinas: Alínea, 2006, p. 167-179.

_____. *Nós cheguemu na escola, e agora?* Sociolinguística e Educação. São Paulo: Parábola Editorial, 2005.

_____. *Scaffolding.* Encyclopedia of Language and Linguistics, 2. ed., vol. 10, Londres: Elsevier, 2005, p. 775.

_____. *Educação em língua materna* – a sociolinguística na sala de aula. São Paulo: Parábola Editorial, 2004.

BRAGGIO, S. L. B. *Leitura e alfabetização:* da concepção mecanicista à sociopsicolinguística. Porto Alegre: Artes Médicas, 2002.

BRASIL. Ministério da Educação (MEC). Secretaria de Ensino Fundamental. *Programa de desenvolvimento profissional continuado:* alfabetização. Brasília, 1999.

_____. Ministério da Educação (MEC), Secretaria de Educação Básica. *Parâmetros Curriculares Nacionais:* introdução. Brasília: MEC, 1997.

_____. Ministério da Educação (MEC), Secretaria de Educação Básica. *Parâmetros Curriculares Nacionais:* Ciências Naturais. Brasília: MEC, 1997.

_____. Ministério da Educação (MEC). Fundação Nacional de Saúde (FNS). *Educando o cidadão sobre a Tuberculose.* Rio de Janeiro: Ministério da Saúde, [s. d.]

BRITTO, L. P. L. Alfabetismo e educação escolar. In: SILVA, Ezequiel Theodoro da. *Alfabetização no Brasil* – questões e provocações da atualidade. Campinas, SP: Autores Associados, 2007.

BROWN, G.; YULE, G. *Discourse Analysis*. Cambridge: CUP, 1983.

BRUNER, J. *Child's Talk:* Learning to Use Language. New York: W.W. Norton, 1983.

CÂMARA JR., J. M. *Dicionário de linguística e gramática.* Petrópolis: Vozes, 1978.

CASTANHEIRA, S. F. *Estudo etnográfico das contribuições da sociolinguística à introdução ao letramento científico no início da escolarização.* http://bdtd.bce.unb.br/tedesimplificado/tde_busca/arquivo.php?codArquivo=2907

CAVALCANTI, M. C. *Interação leitor-texto:* aspectos de interpretação pragmática. Campinas: Unicamp, 1989.

CAZDEN, C. *Classroom Discourse:* The Language of Teaching and Learning. Portsmouth: Heinemann, 1988.

COHEN, A. D. *Recent Uses of Mentalistic Data in Reading Strategy Research. D.E.L.T.A*, v. 3, n. 1, p. 57-84, 1987.

COLL, C. et al. *Psicologia do ensino.* Porto Alegre: Artes Médicas, 2000.

COOK-GUMPERZ, J. *Toward a Sociolinguistics of Education.* Berkeley: University of California, 1987.

DASCAL, M. Strategies of Understanding. In: PARRET, H.; BOUVERESSE, J. (orgs.). *Meaning and Understanding.* Berlim: De Gruyter, 1981, p. 327-352.

DAVIES, F. *Introducing Reading.* England: Penguin Books, 1995.

ERICKSON, F. What Makes School Ethnography 'Ethnographic'? *Anthropology & Education.* Quarterly. v.15, s. n., p.51-66, 1984.

ERICSSON, K. A.; SIMON, H. A. Verbal Reports as Data. *Psychological Review,* v. 87, p. 215-251, 1980.

FIGUEROA, E. *Sociolinguistic Metatheory.* New York: Elsevier, 1994.

FRANK, C. *Ethnographic Eyes:* A Teacher's Guide to Classroom Observation. Portsmouth: Heinemann, 1999.

FREIRE, P. *The Practice of Freedom.* London: Writers and Readers Publishing Co-op, 1973.

INSTITUTO ANTÔNIO HOUAISS. Dicionário Houaiss de Língua Portuguesa, Rio de Janeiro: Objetiva, 2001.

JUNG, N. M. *A (re)produção de identidades sociais.* Ponta Grossa (PR): Editora EPG, 2009

KIRSH, I. et al. *Letramento para mudar. Avaliação do letramento em leitura: resultados do PISA 2000.* Tradução B&C Revisão de Textos. São Paulo: Moderna, 2004.

KLEIMAN, A. B.; MORAES, S. E. *Leitura e interdisciplinaridade:* tecendo redes nos projetos da escola. Campinas, SP: Mercado de Letras, 1999.

KLEIMAN, A. Processos identitários na formação profissional. O professor como agente de letramento. In: CORRÊA, M. L. G.; BOCH, F. (orgs.) *Ensino de língua:* representação e letramento. Campinas: Mercado de Letras, 2006, p. 75-91.

KOCH, I. V. *O texto e a construção dos sentidos.* São Paulo: Contexto, 2002.

LABOV, W. et al. *A Graphemic-Phonemic Analysis of the Reading Errors of Inner City Children.* Manuscrito University of Pennsylvania, 1998. Disponível em www.ling.upenn.edu/~wlabov/papers.html. Acesso em 09 mar. 2010.

LEMLE, M. *Guia teórico do alfabetizador.* São Paulo: Ática, 1987.

LIBERATO, Y.; FULGÊNCIO, L. *É possível facilitar a leitura* – um guia para escrever claro. São Paulo: Contexto, 2007.

MARCUSCHI, L. A. A. *Produção textual, análise de gêneros e compreensão.* São Paulo: Parábola Editorial, 2008.

MAZZOTTI, A. J. A.; GEWANDSZNAJDER, Fe. *O método nas ciências naturais e sociais:* pesquisa quantitativa e qualitativa. São Paulo: Pioneira, 1999.

MORAES, R. *Construtivismo e ensino de Ciências.* Porto Alegre: EDIPUCRS, 2003.

MOREIRA, D. A. *Analfabetismo funcional:* o mal nosso de cada dia. São Paulo: Pioneira Thomson Learning, 2003.

MULLIS, I. V. S. et al. *PIRLS: Marcos Teóricos y Especificaciones de Evaluación.* Chesnut Hill, MA: Lynch School of Education, Boston College e IEA, 2006.

OCDE. *PISA 2006:* estrutura da avaliação. São Paulo: Moderna, 2007.

OLIVEIRA, M. K. *Vygotsky aprendizado e desenvolvimento:* um processo sócio-histórico. São Paulo: Scipione, 2001.

ORGANISATION FOR ECONOMIC CO-OPERATION AND DEVELOPMENT (OECD). *The PISA* 2003 – Assessment Framework. Paris: OECD/PISA, 2003.

ORGANISATION FOR ECONOMIC CO-OPERATION AND DEVELOPMENT (OECD). *The Pisa 2006* – Assessment Framework. Paris: OECD/PISA, 2006.

PALACIOS, M. A. *Estrategias de Lectura para la Comprensión de Textos.* Huancayo, Peru: Grapex Peru S.R.L., 2003.

PRESSLEY, M.; AFFLERBACH, P. *Verbal Protocols of Reading:* The Nature of Constructively Responsive Reading. Hillsdale: Erlbaum, 1995.

RODRIGUES JÚNIOR, A. S.; CAVALCANTE, E. A. A sala de aula sob o olhar etnográfico. *Presença Pedagógica.* n. 63, p. 48-53, maio/jun. 2005.

RODRIGUEZ, V. J. *Metacognición y Comprensión de la Lectura:* Evaluación de los Componentes Estratégicos (Procesos Variables) Mediante la Elaboración de uma Escala de Conciencia Lectora (ESCOLA). Tese (doutorado). Madrid: Universidad Complutense de Madrid, 2004.

RUPAY, J. J. I. *Comprensión Lectora: Aspectos Referenciales.* Huancayo, Peru: Gráfica Tolentino, 2008.

SALVADOR, C. C. *Psicologia do ensino.* Porto Alegre: Artes Médicas, 2000.

SAPIR, E. *Linguística como ciência.* Rio de Janeiro: Acadêmica, 1969.

SOARES, M. *Alfabetização e letramento.* São Paulo: Contexto, 2003.

SOLÉ, I. *Estratégias de leitura.* Porto Alegre: Artmed, 1998.

TOMITCH, L. M. B. A metodologia da pesquisa em leitura: das perguntas de compreensão à ressonância magnética funcional. In: TOMITCH, L. M. B. (ed.). *Aspectos cognitivos e instrucionais da leitura.* Bauru: EDUSC, 2008.

_____. *Desvelando o processo de compreensão leitora:* protocolos verbais na pesquisa em leitura. Signo. Santa Cruz do Sul, v. 32, n. 53, p. 42-53, dez, 2007.

_____. *Reading:* text organization perception and working memory capacity. Florianópolis, SC: PGI/UFSC, Série ARES, 2003.

_____. *An Analysis of the Potential Selection Strategies Which May Determine the Contents of the Short-term, Working Memory System.* Mimeo. UFSC, 1990.

TRINDADE, M. N. *Literacia:* teoria e prática – orientações metodológicas. SP: Cortez, 2002.

VIGOTSKY, L. S. *A formação social da mente.* São Paulo: Martins Fontes, 1991.

VOGT, C.; FRY, P. *Cafundó, a África no Brasil:* linguagem e sociedade. São Paulo: Companhia das Letras, 1996.

ÍNDICE

Ação Educativa, 12
ação responsiva, 94, 158
Afflerbach, 25
alfabetização, 18-20, 94-95, 105-106,
    109-110, 114, 135, 149, 173
alfabetização científica, 91
alfabetizar letrando, 105, 108, 131, 133,
    136, 162
analfabetismo funcional, 11-12
andaime, 20, 26-28, 30-33, 40, 47, 97-99,
    103-104, 106, 110-113, 115-119,
    123, 128, 131-133, 135, 137,
    139-140, 142-144, 146-149, 152,
    157, 160-161, 163-165, 175,180
Assis-Peterson, 183
avaliação diagnóstica, 19, 63, 84, 144, 145,
    149, 160, 171
avaliação educacional, 11
backchanneling, 28
Bilthauer, 62
Bizzo, 92
Bortoni-Ricardo, 18, 25-27, 94-95, 100
Brice-Heath, 96
Britto, 52
Bruner, 26, 93
campo semântico, 22, 73
Cavalcanti, 25
Cazden, 28, 93, 183
Ciências Naturais, 91, 93-95,184, 186

clima disciplinar, 97, 100, 106, 111, 150, 155,
    171, 175
coesão textual, 23, 106
Cohen, 25
Coll, 93, 96, 101, 187
competência comunicativa, 96
compreensão leitora, 11-12, 16, 18, 25-27,
    29, 31, 33, 35, 37, 39, 41, 43, 45,
    47, 49, 66, 82, 183
conhecimento enciclopédico, 16
conhecimento prévio, 30, 55, 57, 63, 84,
    97, 98, 111, 118, 137, 163
consciência fonológica, 20, 105-106, 109,
    115-116, 156, 162, 165, 171, 184
conteúdos procedimental e atitudinal, 148
Coulthard, 27
Courtney Cazden, 184
Davies, 25
Derek, 183
Edwards, 101, 183
Enem, 16, 72, 183
Ericsson, 25
esquemas, 55
estratégias de leitura, 94, 169, 171, 173,
    178-179, 183
estruturas de participação, 95, 97-98, 100,
    106, 109
etnografia, 93, 95, 106, 109
Figueroa, 27
Freitas, 18
gêneros textuais, 21, 35, 122

Gumperz, 26-27, 111, 184
habilidades metacognitivas, 56
Hodson, 100
Hooke, 65
Houaiss, 65, 67-68
IDH, 12
Inaf, 12-15
Inep, 11, 20, 82, 183
inferências, 13, 21, 55, 57, 111, 168, 173
Instituto Paulo Montenegro, 12
IRA, 27, 94, 138, 144-146, 148-149, 153, 155, 157
Isabel Solé, 51, 55-57
Kirsh, 54, 56
Kleiman, 52,183
Koch, 58
leitura produtiva, 16
leitura tutorial, 51, 53-55, 61-63, 71-74, 81, 85, 87, 89
letramento, 52
letramento científico, 91
Lopes, 62
matrizes de referência, 19, 53
McDermott, 96
mediação, 18, 22, 25-29, 51, 53, 55-56, 62, 71, 77, 79, 81-83, 106, 178, 180-181
Mercer, 101
monitoração estilística, 22
Moraes, 52, 100
Moreira, 12
níveis de letramento, 53, 91
OCDE, 29, 43, 46, 91, 92, 184
Orsoline, 183
Pagliarini Cox, 183
Palacios, 51, 55, 183
Paulo Freire, 27
PCN, 101
pedagogia culturalmente sensível, 99, 153-154, 163
Pedagogia de Leitura, 11, 16, 53
Philips, 96
Pisa, 18, 29, 38, 44, 47, 53, 55, 83, 183
piso, 20, 25, 28, 49, 96, 111, 144, 145, 155-156

pista, 22, 27, 34, 50, 94, 96, 106, 110, 111, 115, 127, 132, 137, 142, 144, 147, 150, 168, 171, 175
pistas de contextualização, 27, 96, 111, 171
PNLEM, 64
Pontecorvo, 183
predição, 156-173
Pressley, 25
princípio alfabético, 20, 105, 115-116, 118, 120, 130, 133-134, 152, 154-155, 157, 160-161, 163, 168, 171, 178
problematização, 27, 97, 103, 183
processos cognitivos, 20, 55, 104
protocolos, 18, 25, 94, 184
Prova Brasil, 11, 12, 21
ratificação, 94, 98, 146
reconceptualização, 28, 49, 94, 98-100, 110, 140, 159-160
reformulação, 94
regras variáveis, 22-23
Rodriguez, 55
Rosito, 100
Rosso, 62
Rupay, 51, 59
Saeb, 11
scaffolding, 26
Simon, 25
Sinclair, 27
Soares, 52-53
sociolinguística, 18, 26-27, 93
Stella, 184
texto contínuo, 23, 60, 82, 84-85, 87, 89, 183
texto não contínuo, 23, 60
Tomitch, 25
Trindade, 55
variação linguística, 21, 78
Vygotsky, 93, 97, 111, 133, 139, 141, 143
ZDP, 26, 93, 98, 99, 100, 102, 104, 116, 118 125, 135, 139-140, 143-144, 147-148, 150, 158, 164, 170

As autoras

Stella Maris Bortoni-Ricardo

Professora titular de Sociolinguística (UnB), coordenadora da área de Letramento e formação de professores, Faculdade de Educação, UnB; Ph.D. em Linguística (University of Lancaster, 1983); estágio de pós-doutorado em Etnografia de sala de aula (University of Pennsylvania, 1990). Já formou 61 pesquisadores entre doutores e mestres. O endereço da sua página eletrônica é: ver www.stellabortoni.com.br.

Veruska Ribeiro Machado

Licenciada e bacharel em Letras, especialista em Língua Portuguesa, mestre e doutora em Educação. Já atuou como docente nas séries finais do ensino fundamental, no ensino médio e em cursos de licenciatura de Letras e de Pedagogia e hoje exerce a função de técnica em assuntos educacionais na Secretaria de Educação Superior do Ministério da Educação. Atualmente investiga as concepções de leitura subjacentes a avaliações de larga escala.

Salete Flôres Castanheira

Mestre em Educação pela Universidade de Brasília (UnB). Professora da Pontifícia Universidade Católica de Goiás (PUC Goiás), pedagoga, especialista em Alfabetização pela Universidade Federal de Goiás (UFG). Em 2003 concluiu o terceiro ciclo de estudos do curso de Psicologia Evolutiva e da Educação pela Universidade de Santiago de Compostela (Espanha). É professora da PUC Goiás lotada no Departamento de Educação, curso de pedagogia.